Baumkuchen

バウムクーヘンの文化史

パン・料理・菓子、越境する銘菓

三浦裕子

青弓社

Baumkuchen

バウムクーヘンの文化史——パン・料理・菓子、越境する銘菓

目次

カバー写真――アフロ
装丁――北田雄一郎

凡例

［1］引用に際しては、書名は『 』に、新聞・雑誌名、記事のタイトルは「 」で統一した。

［2］引用文中の（略）は省略を表す。

［3］レシピなどの和訳に引用者が文章を補足したり解説したりする場合、〔 〕でくくった。

まえがき

洋菓子好きが高じて一九九四年にお菓子教室を始めた。五三年生まれの筆者にとって洋菓子は特別な日の食べ物で、十二月の誕生月に母が前日から張り切って焼いてくれる誕生日ケーキとクリスマスケーキはまさに「うれしさのかたまり」だった。生まれ育った六〇年代の福岡には洋菓子店は数軒しかなく、何かの折にケーキの箱が届くと、そこから離れられなくなるほど中身が気になった。

たまにしか食べられない洋菓子ではあったが、食べられなくても洋菓子に出会える場所があった。それはルーシー・モンゴメリの『赤毛のアン』やフランシス・バーネットの『小公女』などの欧米の小説である。とりわけモンゴメリ『アンの青春』のミス・ヴァイオレットのお茶のテーブルにあるお菓子や、『小公女』のセーラが住む屋根裏部屋にラムダスがこっそりと用意するお茶とお菓子のくだりは何度読んでも胸が躍った。似たような経験をもつ人はたくさんいるだろう。そして五十年以上たった現代の日本は、フランスやドイツやオーストリアやイギリスに引けをとらないお菓子の国になった。

ウィーンから帰国したばかりの先生に洋菓子を習い始めたのが一九七五年で、以来、オーストリアやフランスなどの欧米のお菓子を学んできた。お菓子を作る者としておいしさを求めるのは当然のこととして、洋菓子が憧れだった筆者には、それと同様にそのお菓子がどこの国で生まれて、どのように食べられてきたかが大きな意味をもつ。つまり歴史の文脈のなかでそのお菓子を捉えたうえで、お菓子を作って味わいたいのだ。「いま流行しているお菓子」や「新しい食感」も気になるが、「おいしければなんでもいい」という考えには異見を表する。現代人の味覚を刺激するためにレシピをアレンジする路線は味の均一化を招くばかりではなく、お菓子系譜を寸断し、ひいてはお菓子の世界を痩せ細らせてしまうことになりかねない。

　時代に合わなくなり、人々に求められなくなれば世の中から消えていくのはお菓子をはじめ食べ物の宿命だとしても、百年以上続くようなお菓子は「食べられる博物館」としてどこかに残しておきたい。こんな思いでお菓子の歴史に関して書いたものや書籍を集めてきたが、お菓子の歴史の分野は研究が進んでいるとはいえない。

　それならばできる範囲で自分なりに研究してみようと、二〇一一年春に蛮勇を振るって九州大学大学院比較社会文化学府の門を叩いた。ドイツの伝統菓子とされるシュヴァルツヴェルダー・キルシュトルテをテーマに、その成立を明らかにしてみようと考えたのである。シュヴァルツヴァルツヴェルダー・キルシュトルテ、つまり黒い森のトルテ（ケーキ）は、キルシュワッサーというリキュールで風味をつけた生クリームとシロップで煮たサクランボを挟んだトルテである。削ったチョコレートとサクランボでデコレーションするこのトルテは、南西部だけでなくドレスデンやベルリンなどの北部でも見かけるもので、ドイツを代表する伝統のトルテとされる。十代のころに初めて食べて以来、いつも心の片隅にあるケーキだった。

　筆者の経験によると、このお菓子は一九七〇年代後半から二〇〇〇年ごろまで、ドイツやオーストリアなどのドイツ語圏の国や北欧デンマークだけにとどまらず、スイスのチューリッヒ、そしてフランス語圏のベルギーのブリュセル、フランスのアルザス地方でも親しまれていた。また英語圏のイギリスのロンドン、アメリカではニューヨークやサンフランシスコやロサンゼルスなどの都会のお菓子店には必ず並んでいた。一九七〇年代のアメリカのヒルトン・ホテルにはヴィエナ・カフェというウィーン風カフェをモデルにした喫茶部があり、そこで提供する看板のケーキだった。ヒルトン・ホテルがある都市にはこのお菓子は必ずあったと思われる。さらに同時期の香港、シンガポール、マレーシアのクアラルンプール、中国の上海、台湾の台北、韓国のソウルの洋菓子店でも見つけることができた。

　フランス語圏の国ではフォレ・ノアール、英語圏ではブラックフォレスト、香港やシンガポールなどでは黒森林蛋撻と呼ばれていた。このような「国際性」をもつお菓子はほかにはない。二〇〇〇年ごろまでは、お菓子は大まかにドイツ語圏、フランス語圏、英語圏に分けられる特色があり、それぞれの文化圏共有のお菓子が並んでいた。イタリア、スペイン、ポルトガルはまた別のくくりになる。そんななかで黒い森のトルテは異色の存在だった。筆者は一九七〇年代から二〇〇〇年代にかけて、海外はもちろん、国内でもこのお菓子を見つけると必ず食べることにしていた。

二〇〇二年に、ドイツのシュヴァルツヴァルト地方、フライブルクのシュタウフェンにあるパティスリーとカフェを併設したコンディトライ・デッカーを訪ねた。知り合いのドイツ人菓子職人から教えてもらったコンディトライ（菓子舗）である。マイスターが、これこそが本場のシュヴァルツヴェルダー・キルシュトルテと胸を張るトルテを賞味した。また、職人が作るものとは違う家庭的なトルテがあると教えられ、ミュンスタータールの教会が営む素朴なカフェの自家製トルテも味わった。当時はフライブルクの駅を降りると、目の前のコンディトライはトルテのイラスト付きの「伝統のトルテシュヴァルツヴェルダー・キルシュトルテ」という看板を掲げていた。このようにドイツの伝統菓子であり、しかも国際的なケーキとしてさまざまな国で作られているシュヴァルツヴェルダー・キルシュトルテを文化史的に捉えてみようと考えたのだった。

修士論文では、トルテの語源を調べてトルテという菓子形態の成立を明らかにし、飾りに使うチョコレートが製菓材料として使用されるようになった時期を特定した。不可欠な材料のキルシュヴァッサーの起源を探るなどのアプローチをしてトルテの「伝統」の解明を試みたのだが、歴史は意外に浅かった。詳細は省くが、キルシュヴァッサー入りの生クリームを添えたサクランボのデザートだったものが、次第にトルテ、つまり丸い大型のケーキになったのは一九二〇年代である。本書の第2章「バウムクーヘンの完成」でも取り上げる三四年出版のドイツの菓子書に所収されたシュヴァルツヴェルダー・キルシュトルテは、まだ構成も形態も現在のものとは違っていた。このトルテが現在の形態になったのは、第2章で取り上げる四八年に再興された菓子業のための連邦学校、通称ヴォルフェンビュッテル製菓学校だったと思われる。現在の姿からは想像しにくいが、このトルテは二〇年代のモダンデザインで知られるバウハウスの影響から生まれたのだった。

写真0-1　削ったチョコレートとサクランボでデコレーションされたシュヴァルツヴェルダー・キルシュトルテ

このトルテが伝統的な菓子と見なされた要因はシュヴァルツヴァルトという名前にあった。ドイツの人々の郷愁をかき立てる黒い森という名前がグリム童話の森を連想させるところから、いつしか「伝統菓子」と見なされるようになったのである。数世紀を経た伝統はなくても、このトルテは現在でもドイツでは広く支持されていて、サクランボ、キルシュ、チョコレート、生クリームという材料の取り合わせが生み出す味わいの妙はいささかも陰るわけではないのはもちろんである。

調査・研究でわかったお菓子の来歴をたどる難しさは、史料が乏しいことに加えてもう一つ、そのお菓子に託された人々の心情も加わっていて、史実とその時代の人々の心性が絡み合った物語や言い伝えができていることにあるというものだった。史実とその時代の人々の心性、この二つの糸をほぐして選り分けていく作業の難しさとそれに必要な膨大な知識とエネルギーが、お菓子史をたどる困難さだと痛感した。心底そう思ったのだが、ドイツ菓子の歴史を調べるうちに本書で取り上げたバウムクーヘンが気になってしようがない。第1章「パンなのか、料理なのか、彷徨の時代」で取り上げるフリッツ・ハーンの「バウムクーヘンの系譜」を読んでみると、ハーンは心棒に生地を付けて直火で焼く焼成法を軸にこの菓子の来歴をたどっている。起源は古代ギリシャという広範囲に及ぶこの菓子の来歴はとても筆者の力の及ぶところではないと重々わかっていたが、心棒に付けて直火で焼く特殊な焼成法という軸からたどれないかと、ささやき声がどこからともなく聞こえてきた。はじめはまったく意味が取れなかった古いレシピだったが、あるときパッと製造過程の映像が頭に浮かぶ。

さらに、本書でも取り上げるように、二〇〇〇年ごろから日本でバウムクーヘンブームが起こった。第3章「日本での転成」のもとになる論文を書いている一七年ごろ、日本はバウムクーヘンにあふれていた。それ以前のバウムクーヘンは、中世以来の歴史をもつドイツの伝統菓子と思われていた。ところが一五年ごろからこの重厚な歴史説は次第に影をひそめ、現在ではしっとり、ふんわり、という質感や材料へのこだわりが惹句として用いられるようになっている。新しいレシピや製法で作られるバウムクーヘンが生まれ、それを支持する人々の心情がお菓子の性格を形作っていく。史実とその時代の人々の心性が絡まりあって紡ぎ出される、バウムクーヘン物語の転換期に立ち会うことになった。

これらが筆者を後押ししてくれたのである。

なお、序章以下の本文では、お菓子ではなく、菓子と表記する。

序章　心棒に生地を付けて直火焼きする方法

1　なぜバウムクーヘンなのか

バウムクーヘンは、熱源の上に差し渡した心棒に生地を付けて重ね焼きする菓子である。

そのため焼き上がりは棒状になり、適度な大きさに輪切りにして販売される。生地の断面は焼き重ねていくことで褐色の香ばしい焼き面が幾重にも重なり、型に流し入れて一度に焼き上げる焼き菓子とは違う風味をもつ。特殊な方法で焼成され、そのために独自の味覚をもつバウムクーヘンという菓子の起源から現代までの変遷を、レシピの解読を軸に文化史的に考察することが本書の目的である。バウムクーヘンは二十世紀以降に日本に紹介され、現在では最も親しまれている洋菓子の一つなので、ドイツと日本のバウムクーヘンの比較という観点も加える。

ヨーロッパにはほかにも多くの菓子があるなかでバウムーヘンを取り上げるのには、次の二つの理由がある。

一つは前述したバウムクーヘンの特異な焼成方法である。ヨーロッパの焼き菓子は、ほとんどが生地を入れた型を熱した空間に置いて間接的に火を通す。しかしながらバウムクーヘンは、心棒に生地を付けて「直火にかざして焼成」する。第1章第2節の項「パン職人の仕事と焼き菓子の起源」で後述するが、焼き菓子は製パン業の余技から派生したものである。そのためにパン焼き窯、つまり熱した空間でじわじわと火を通す焼成方法をとるのである。したがって、直火にかざして焼くというバウムクーヘンの焼成方法は、この菓子が通常の焼き菓子とは違う道をたどって発達してきたことを物語っていて、この特異な焼成方法は、バウムクーヘンの来歴を探る有力な手がかりである。

二つ目の理由は、「はじめに」でも触れたが、現在バウムクーヘンが最も親しまれている国が日本だということである。明治維新を機に欧米から菓子を導入した日本は、百五十年あまりを経て、いまやヨーロッパからも一目置かれる製菓技術をもつ国になった。一九七〇年代後半からヨーロッパの菓子作りに携わってきた筆者は、日本でのヨーロッパの菓子、いわゆる洋菓子の発展を目の当たりにしてきたが、特にここ二十年の日本の洋菓子は新しい段階に入っていることを実感している。新しい時代の先端に立つ洋菓子の一つがバウムクーヘンではないかと思うのである。

2 菓子の歴史研究の現状

ヨーロッパの菓子の通史を記した書物は少ない。言うまでもなく菓子は食物の一部分だが、食物の歴史は料理を主体として語られることが多く、菓子はいわば、料理に彩りを添えるものという位置づけで記述されることが多いからだ。その例として、ヨーロッパの食の歴史書にジャン゠フランソワ・ルヴェルの『美食の文化史』とバーバラ・ウィートンの『味覚の歴史』(1)を挙げて説明しよう。『美食の文化史』では、古代ギリシャから十九世紀半ばまでの西ヨーロッパの料理の変遷を十三世紀以降の歴代の料理書をもとに具体的な調理法を示しながら解説している。また、ルヴェルは料理書だけではなく文学作品に登場する料理や食事の場面を多く引用していて、読者がその時代の人々の食に関する習慣や食事に対する考え方をも理解できる内容になっている。ウィートンの『味覚の歴史』では、中世から十八世紀末までのフランスの宴会料理の変遷を数々の歴史的な料理書を読み解くことで解き明かしている。ウィートンは歴代の料理書のレシピを分析し、特に料理技術の変遷からフランス料理の推移をたどることに重点を置いている。この二冊は、膨大な史料の丹念な読み込みから生まれた名著である。ただし、両書とも菓子についてはフランスの最初の菓子専門書とされる『フランスの菓子職人』(2)を取り上げているが、菓子という分野の発祥や菓子業の成り立ちについては詳しい記述がない。(3)ウィートンは『フランスの菓子職人』で取り上げている菓子名を紹介し、また一章を割いて焼き菓子、砂糖菓子、そして砂糖を使った食卓の装飾について述べている。(4)そこでは製菓技術の変遷には言及するものの、宴会料理のデザートのあり方の記述にとどまっている。

さらに食の歴史書としては、『食の歴史』(5)（全三巻）がある。編者はジャン＝ルイ・フランドランとマッシモ・モンタナーリ、四十三人の研究者が執筆を担当したという大著である。これは先史から二十世紀までの食の通史であり、時代ごとに社会のあり方を踏まえたうえで食を多角的に捉えている。同書でも製パン業の成立については詳しく述べているが、そこから派生する製菓業に関する記述はわずかである。(6)

このように、食の歴史を取り扱った書物は料理の変遷に重点を置くものが多く、菓子の変遷を追った歴史書は少ない。そのなかの一冊として、マグロンヌ・トゥーサン＝サマの『お菓子の歴史』(7)がある。同書は古代エジプトから現代までの菓子の変遷を網羅するものだが、フランス寄りの菓子の歴史であることは否めない。フランスの製菓業成立の経緯については簡単に記しているが、充実しているのはフランスの菓子の隆盛期である十九世紀に関してであり、フランス以外のヨーロッパの菓子についての記述には不備がみられる。(8)

日本人の手による洋菓子の歴史についての主な書籍を次に挙げる。まず締木信太郎『菓子の文化史』(9)。締木は、一九六〇―七〇年代の全国菓子協会の機関誌「菓業」の編集者だった。同書では、七一年の日本ではあまり知られていなかった菓子やそれにまつわる話を集めている。締木から十五年後には吉田菊次郎が『洋菓子の世界史』[10]を出版し、世界史に沿ってその時代に生まれたとされる菓子を紹介した。菓子職人である吉田はその後もレシピ集の菓子書だけでなく、菓子にまつわる話を集めた著作もあるが、二〇一六年に出版された『洋菓子百科事典』[11]はその集大成といえる。続いて、注目すべき書物としては熊崎賢三の『菓子たちの道しるべ』[12]がある。これは、ヨーロッパでの古代から中世そして十八世紀までの菓子の変遷を大まかに捉えた内容に加えて、パンや菓子の職人について考察していることが特徴である。

また近年では、ニコラ・ハンブル『ケーキの歴史物語』[13]、池上俊一『お菓子でたどるフランス史』[14]、長尾健二『歴史をつくった洋菓子たち』[15]、ジェリ・クィンジオ『図説 デザートの歴史』[16]がある。『ケーキの歴史物語』の著者ハンブルはシンガポール生まれの英文学者で、同書をトゥーサン＝サマの『お菓子の歴史』と対比させて読むとイギリスとフランスの菓子のあり方の違いがよくわかる。また、池上の『お菓子でたどるフランス史』は、十七世紀後半からのフランスは食を国策として国家の形成に利用したという観点から、菓子を切り口にフランス史を追った内容である。長尾の『歴史をつくった洋菓子たち』では、現在も通説とされている菓子にまつわる逸話を、フランスの料理辞典や小説などで裏づけを取りながら深く掘り下げている。『図説 デザートの歴史』は、食後のデザートの歴史をたどった書物で、図版や写真を多数所収してあってわかりやすい。クィンジオはイギリスの食物史に関する文筆家である。このように菓子の歴史に関する研究は進んでいるのだが、『菓子たちの道しるべ』と『お菓子でたどるフランス史』『デザートの歴史』以外の洋菓子の歴史書に共通しているのは、菓子の誕生逸話の記述にとどまっていることである。たとえば、オーストリアのウィーンの伝統菓子であるザッハートルテ（チョコレートケーキ）については、次の二つの誕生説を挙げる場合が多い。一つは、一八一四年から翌年までウィーンで開催されたウィーン会議で当時のオーストリアの外相クレメンス・メッテルニヒが料理人フランツ・ザッハーに作らせた菓子というもの、もう一つは三二年にメッテルニヒ家の宴席で同じくザッハーが作った菓子というものである。[17]ところが、一四年にはザッハーはまだ生まれていないのだが、いまなおこの説を記述することが多い。後説にしても三二年にザッハーがメッテルニヒ家で働いていたことは事実だが、当時十六歳だった彼に新しい菓子を作り出す能力と立場を有していたのかは疑問である。ハプスブルク家についての研究をしている関田淳子は、『ハプスブルク家の食卓』のなかで、その日は料理長が不在だったので十六歳のザッハーがその任を担ったと述べている。だが、その後のザッハーの働きについてや、のちにハンガリーのエステルハージィ家で修業をしてブタペストで店を開くザッハーがザッハートルテを作り続けていたのかどうかや、その後ウィーンのホテル・ザッハーで提供されるようになった経緯の記述が曖昧で、ザッハートルテの来歴を語るものとしては不十分と思われる[18]。

アメリカの食の歴史に関する著述家のマイケル・クロンドルは『甘い発明、デザートの歴史』で、一九〇六年十二月二十日付「新・日刊ウィーン」の九十歳のフランツ・ザッハーについてのインタビュー記事を見つけ出し、そのなかでフランツがザッハートルテを作り上げたのは一八四〇年代の終わりごろと語っていることを突き止めた[19]。クロンドルの見立てでは、七六年にウィーンにホテル・ザッハーを開業した息子のエドゥアルトが、ウィーンで絶大な人気を誇るメッテルニヒの名を利用して父親とザッハートルテをホテルの宣伝に使ったのではないかというものである。さらにザッハートルテは製造と販売権、オリジナルの名称をめぐって一九三四年から三八年、そして五〇年代に二度の裁判がおこなわれた。こうした騒動は「甘い七年戦争」などと呼ばれて、ホテル・ザッハーとウィーンの老舗菓子店デメルとの関係が取り沙汰され、それがかえってザッハートルテの名を広めることになった[20]。これについてもクロンドルは、よくいわれるようなホテル・ザッハーとウィーンの老舗菓子店デメルとの婚姻関係によるレシピの流出ではないことを明らかにしている。同書には、これらの裁判は破産したホテル・ザッハーを買い取った側とホテルとの間で、買い取った権利のなかにザッハートルテの販売権が含まれるかどうかについて争ったものであることが詳細に書かれている。

近年はクロンドルのように史実の収集からその菓子の来歴を見直す動きが出てきているが、やはり菓子の通史を記した書籍を見つけるのは難しい。それは菓子についての記録が少ないことによる[21]。社史を残すような製菓会社は別として、その菓子をいつ発売し、それがどのくらい売れたのかなどの記録を残していることはほとんどない。というのも製菓業では、菓子の配合と作り方は一九七〇年ぐらいまで基本的に口伝だったという事情もあって、文書に残すという意識が低かったからではないかと推測する。[22] 菓子は記録ではなく人々の記憶や評判によって伝えられてきたという面があり、由来は曖昧で根拠が乏しいものになりがちである。このような事情から、ザッハートルテにまつわるような俗説が生き残ることになる。

以上のように、現状では菓子は残された記録が少ないこともあって通史を記した書物も少なく、菓子ごとの誕生に関する個別的な記述にとどまっているものが多い。

3 フリッツ・ハーン「バウムクーヘンの系譜」

ヨーロッパの菓子の通史を記した書物は少ないが、数少ない業績の一つに、イレーネ・クラウスの『美しい焼き菓子年代記』[23]が挙げられる。ドイツのウルムにあるドイツパン博物館の責任者だったクラウスは、パンの歴史を踏まえたうえで、ドイツを中心とした十六世紀以降のヨーロッパの焼き菓子、さらにトルテなどのクリームを使った菓子を含む、菓子全般の通史を記述した。そのなかでクラウスは、「焼き菓子の王――バウムクーヘン」という項目を設けてバウムクーヘンの来歴を記している。同書でクラウスも述べているが、バウムクーヘンの来歴に関しては、フリッツ・ハーンの「バウムクーヘンの系譜」[24]から引用したものである。

ハーンはドイツの菓子職人である。「バウムクーヘンの系譜」は彼の長年の研究をまとめた論文で、一九六四年の「菓子職人マイスター」などの製菓業の業界誌に掲載された。四三年に製菓業界が定めたバウムクーヘンの定義や過去の料理書にみられる名前の変遷なども紹介するが、論文中最も力を注いで書いてあるのはバウムクーヘンの発達史についてである。ハーンはバウムクーヘンの発達史を生地の状態によって五期に区分して、根拠になったレシピを添付している。これらのレシピの共通点は、心棒に生地を付けて直火にかざして焼く焼成法である。つまりハーンは、通常の焼き菓子とは異なる直火焼きという焼成方法を軸にバウムクーヘンの来歴をたどっているのである。十七世紀ごろまでのレシピには分量を明記していないものが多く、菓子の実態はつかみがたい。材料は小麦粉と卵と記していても分量を記していなければ、それが粘土状のこね生地なのか液体状の生地なのかはわからず、生地の扱いの描写から読み取るしかない。しかも制作現場の状況と道具が不明であるために、描写から推察するしかない。だが、心棒を直火にかざす焼成法を軸に据えてレシピを読み解いていくのだったらバウムクーヘンの系列はみえてくる。ハーンはここに着目した。ハーンの「バウムクーヘンの系譜」での発達史五期区分については、クラウスも自著に引用したように、現在ドイツでもおおむね受け入れられている。(25)

本書では、焼成法を軸に来歴をたどるというハーンの着眼点と手法を踏襲し、ハーンが取り上げていないレシピも加えて、その解読から「バウムクーヘンの系譜」で述べているバウムクーヘンの発達史五期区分を再考する。さらに、ハーンが取り扱った以降の時代、すなわち十八世紀半ばから現代のバウムクーヘンについても、レシピの解読を中心にその変遷をみていく。

4　本書の構成とその概要

本書は序章と三章、終章の全五章で構成する。序章では、ここまで述べたように菓子の歴史研究の現状と先行研究、そして研究方法を紹介した。第1章「パンなのか、料理なのか、彷徨の時代」では、ハーンの「バウムクーヘンの系譜」の発達史五期区分に基づいて、各区分の代表的なレシピの解読を中心にバウムクーヘンの変遷を考察する。ハーンが示したレシピ以外のレシピを精読したところ、ハーンが完成期とした十八世紀前半のレシピは、現在のバウムクーヘンを完成形とするならば、完成には至っていない。そこで、第2章「バウムクーヘンの完成」では十九世紀のレシピとドイツ菓子の全盛期である二十世紀前半のレシピを解読し、現在のバウムクーヘンに至る道のりを明らかにする。第3章「日本での転成」では日本のバウムクーヘンについて考察する。第一次世界大戦の捕虜として一九一九年に日本に連行されたドイツの菓子職人カール・ユーハイムがもたらしたバウムクーヘンだが、近年はドイツのバウムクーヘンとは一線を画する日本独自の洋菓子として生まれ変わっている。この変遷をレシピの解読によって明らかにする。そして終章「再び、串に生地を巻き付けて直火で焼く方法」では、解読した歴代のレシピからみえてくるこの菓子の味わいについて述べ、あらためてバウムクーヘンという菓子の魅力について考察したい。

ハーンの「バウムクーヘンの系譜」によると、バウムクーヘンの起源は古代ギリシャの時代にさかのぼるとされる。バウムクーヘンと同様の焼成法で焼き上げる菓子は、例えばフランスのガトー・ピレネー[26]、ポーランドのセンカッチ[27]のように、ヨーロッパの各地でみることができる。しかし、本書ではドイツでのバウムクーヘンに連なる変遷の解明にとどめる。

注

(1) ジャン＝フランソワ・ルヴェル『美食の文化史――ヨーロッパにおける味覚の変遷』福永淑子／鈴木晶訳、筑摩書房、一九八九年、バーバラ・ウィートン『味覚の歴史――フランスの食文化―中世から革命まで』辻美樹訳、大修館書店、一九九一年

(2) 出版年については、ルヴェルは一六五三年とし（前掲『美食の文化史』一六三ページ）、ウィートンは五五年としている（前掲『味覚の歴史』一八八―一八九ページ）。著者は匿名で、長年フランソワ・ピエール・ド・ラ・ヴァレンヌだろうとしていたが、一九九一年の時点でウィートンは疑問を投げかけている（同書四四六―四四七ページ）。現在では、『フランスの菓子職人』は一六五三年出版で著者はジャン・ガイヤールとされている。本書の第1章第5

節の項「泡立て作業の困難さ」ではこの説をとる。

（3）ルヴェルは十七世紀のパティシエ、つまり菓子職人の仕事については触れている（前掲『美食の文化史』一七〇―一七一ページ）。

（4）前掲『味覚の歴史』二七一―三〇一ページ

（5）J－L・フランドラン／M・モンタナーリ編『食の歴史』全三巻、宮原信／北代美和子監訳、菊地祥子／末吉雄二／鶴田知佳子訳、藤原書店、二〇〇六年

（6）フランソワーズ・デポルト「食の職業」、前掲『食の歴史』第二巻所収、五七八―五八〇ページ。また、前掲『食の歴史』第三巻で、注（2）で取り上げた『フランスの菓子職人』は一六五三年に出版されたものとされ、著者はジャン・ガイヤールとしている。また同第三巻では、第三十五章「料理を印刷する」でフィリップ・ハイマンとメアリー・ハイマンが、『フランスの菓子職人』はそれまで名高き宮廷のパティスリー職人だけが知っていたパティスリーの製造術を網羅的に紹介した初めての書物だと述べている（フィリップ・ハイマン／メアリー・ハイマン「料理を印刷する――15世紀から19世紀にかけてのフランスの料理書」、前掲『食の歴史』第三巻所収、八六五―八六七ページ）。

（7）マグロンヌ・トゥーサン＝サマ『お菓子の歴史』吉田春美訳、河出書房新社、二〇〇五年

（8）例を挙げると、同書でトゥーサン＝サマはバウムクーヘンを発酵パン生地のブリオッシュと解説しているが、これは誤りである（同書三五五―三五六ページ）。また、ザッハートルテに関しては後述する誕生説のうち後者を紹介している（同書三六一―三六二ページ）。

（9）締木信太郎『菓子の文化史』光琳書院、一九七一年

（10）吉田菊次郎『洋菓子の世界史』製菓実験社、一九八六年

（11）吉田菊次郎『洋菓子百科事典』白水社、二〇一六年

（12）熊崎賢三『菓子たちの道しるべ』合同酒精製菓研究室、一九九二年

（13）ニコラ・ハンブル『ケーキの歴史物語』堤理華訳（お菓子の図書館）、原書房、二〇一二年

（14）池上俊一『お菓子でたどるフランス史』（岩波ジュニア新書）、岩波書店、二〇一三年

（15）長尾健二『歴史をつくった洋菓子たち――キリスト教、シェイクスピアからナポレオンまで』築地書館、二〇一七

年
（16）ジェリ・クィンジオ『図説デザートの歴史』富原まさ江訳、原書房、二〇二〇年
（17）野澤孝彦『いま新しい伝統の味 ウィーン菓子――生地とクリームのおいしさ再発見』（〔旭屋出版MOOK――スーパーパティシエブック〕、旭屋出版、二〇〇六年）九ページ、猫井登『お菓子の由来物語』（幻冬舎ルネッサンス、二〇〇八年）二三ページ、辻製菓専門学校監修、長森昭雄／大庭浩男『ドイツ菓子・ウィーン菓子――基本の技法と伝統のスタイル』（〔パティシエ選書〕、学研教育出版、二〇一四年）七八ページ、前掲『お菓子の歴史』三六一ページ、前掲『ケーキの歴史物語』六七―七〇ページ、など。
（18）関田淳子『ハプスブルク家の食卓』集英社、二〇〇二年、一八六―一八八ページ
（19）Michael Krondl, *Sweet Invention: A History of Dessert*, Chicago Review Press, 2011, pp. 286-294.
（20）前掲『お菓子の歴史』三六一―三六三ページ、前掲『ケーキの歴史物語』六七―七〇ページ、など。
（21）一九七〇年代にホテルでの婚礼の引き菓子にバウムクーヘンが用いられたことは第3章第2節の項「婚礼と結び付く」で述べるが、その資料を求めて四社のホテルに聞き取りをおこなったところ、全ホテルとも婚礼についての記録は残していなかった。
（22）東京都洋菓子協会の道面浩によると、一九〇二年開業の銀座の資生堂パーラーでさえも、当時の看板商品だったアイスクリームのレシピはまったく残っていないという。
（23）Irene Krauß, *Chronik bildschöner Backwerke*, Hugo Matthaes Druckerei und Verlag GmbH & Co. KG, 1999, S. 186.
（24）Fritz Hahn, "Die Familie der Baumkuchen," in *Der Konditormeister*, 18. 1964, Nummer 26, S. 409 ff. なお、ミュンヘンのドイツ博物館によると、同論文は *Die Konditorei*, 19. 1964, Nummer 24 vom 28 にも掲載しているとする。本書では前者を使用した。
（25）アメリカの菓子研究家サム・エティンガーは「バウムクーヘンの系譜」を英訳してインターネット上に公開し、具体的な指摘はないもののハーンの説には疑問があることを挙げている。"Fritz Hahn: The Baumkuchen Family." (https://www.settinger.net/cake/hahn64.html)〔二〇二〇年八月十日アクセス〕
（26）河田勝彦『フランス伝統菓子――豊かな風土が育んだ素朴な味、郷土の味 語り継がれてきた菓子づくりの醍醐

味』（暮しの設計）、中央公論社、一九九三年、九〇―九一ページ

（27）金井和之「バウムクーヘンをたどって4」「朝日新聞」二〇一四年一月三十日付

第1章　パンなのか、料理なのか、彷徨の時代

はじめに

本章ではハーンの論文「バウムクーヘンの系譜」で五期に区分されたバウムクーヘンの発達史を、レシピの解読を中心に精査していく。「バウムクーヘンの系譜」ではバウムクーヘンの来歴を、生地の状態の特性によって次の五期に区分している。[1] 生地を付ける棒を「焼き串」または「心棒」と使い分けているが、これはレシピのドイツ語が spieß、stange と異なるためである。

第一期：古代ギリシャのオベリアスの時代

オベリアスは心棒に生地を巻き付けて直火で焼くパンである。古代ギリシャの神であるディオニュソスにちなむオベリアスが串焼き菓子の起源とされる。

第二期：生地を紐状にして焼き串に巻き付けて焼成する時期

それぞれに色づけされた紐状の生地を焼き串に巻き付けて焼いていたとされる。一四五〇年の古文書「一本の串で菓子を食べることについて」という表題がついたレシピを第二期のレシピとして挙げている。

第三期：生地を板状に延ばして心棒に巻き付けて焼く時期

生地を板状に延ばして焼き串に巻き、より糸でくくりつけて焼いていたとされる。一五四七年のレシピをこの時期のものとして挙げている。

第四期：液体状の生地を心棒にかけながら焼く時期

粘土状の固体だった生地が液体状に変化した。板状に延ばすことができた固体の生地は、卵と生クリームを主体とする液体状の生地に変化する。このレシピを最初に所収した料理書として一六九七年のレシピを挙げている。

第五期：完成期

砂糖が主要な材料に加えられた。卵を卵黄と卵白に分けて、卵白だけを泡立てて混ぜるという工程も生まれる。ハーンは正確な時期は特定できないとしながら、この時期を完成期としている。最初にこのレシピを所収した料理書として一七六九年のレシピを挙げている。

以下ではこれらの各区分について、見つけることができたレシピの解読とそのレシピを所収している料理書の吟味などを加えながら、ハーンが示したこの菓子の発達史を精査する。

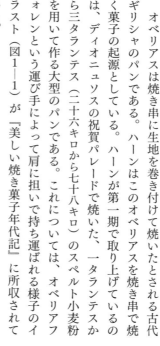

1　第一期──オベリアスについて

オベリアスの実態

　オベリアスは焼き串に生地を巻き付けて焼いたとされる古代ギリシャのパンである。ハーンはこのオベリアスを焼き串で焼く菓子の起源としている。ハーンが第一期で取り上げているのは、ディオニュソスの祝賀パレードで焼いた、一タランテスから三タランテス（二十六キロから七十八キロ）のスペルト小麦粉を用いて作る大型のパンである。これについては、オベリアフォレンという運び手によって肩に担いで持ち運ばれる様子のイラスト（図1─1）が『美しい焼き菓子年代記』に所収されている。

図1-1　オベリアフォレンによって運ばれるオベリアス
（出　典：Irene Krauß, *Chronik bildschöner Backwerke,* Hugo Matthaes Druckerei und Verlag GmbH & Co. KG, 1999, S. 185, Steiermärkisches Landesmuseum Joanneum, Volkskundlich-Landwirtschaftliche Sammlung Schloß Stainz, Archiv Hahn.）

　しかし、現在の製パン技術の観点からみれば、イラストから推測できるオベリアスを焼成することは、実際に食べるための推測する棒に巻き付けられた生地は、少なく見積もっても厚みが十センチはあるだろう。これだけの厚みがある生地を直火にかざして芯まで火を通すことはほとんど不可能である。それに加えて生地にも不自然な点がある。これだけの重量の生地をこねて紐状にして心棒に巻き付けること自体も不可能ではないかと思われる。

　ハーンが取り上げたオベリアスはディオニュシア祭で奉納するもので、オベリアポロスとも呼ばれる。このオベリアスは奉納物であるため、実際に食べるためではなく、供物として大きく立派に焼き上げることが目的だったと推測する。たしかにオベリアスは古代ローマの神ディオニュソスにちなむパンだが、ハーンは儀式用のオベリアスだけを取り上げて、食べるための串焼きパンであるオベリアスの実態を捉えてはいない。そのため、食料としての串焼きパンの起源がつかみにくくなってしまった。これがハーンの第一期の問題点の一つと考えられるだろう。ちなみにオベリアスは、二世紀ごろのローマの食を伝えるアテナイオスの『食卓の賢人たち』によれば実態は次のようなものである。

オベリアスという串で焼くパンがあるが、あれは、アレクサンドレイアで実際にそうなんだが、一オボロスで売っているからか、あるいは串（オベリスコス）に刺して焼くからそういうのだな。アリストパネスの『農夫』にこんなせりふがある、

「それからたまたま一人の男が、串でオベリアスを焼いとった。」

ペレクラテス（前五世紀）の『健忘症』には、

「串焼きパンをもぐもぐ食う。ふつうのパンの方がいいなどとは言わぬこと。」[2]

この引用から、オベリアスという串焼きパンを常食していたことが見て取れるだろう。なかでも「ふつうのパンの方がいいなどとは言わぬこと」という描写からは、オベリアスは普通のパンよりも味覚の点で劣るものだったことがわかる。直火で焼いたパンは表面が焦げて硬く焼き上がるために「もぐもぐ食う」ものだった。

オベリアスの特殊性

オベリアスの味についての考察に入る前に、パンの焼成法の変遷をみておきたい。パンの文化史研究家である舟田詠子は『パンの文化史』のなかで、「発酵パンの世界においては、文化史とは、いかにふっくらしたパンを

つくるか、という目的を終着点として、その線上をひた走ってきた発達の軌跡であると言ってもよいだろう(3)」と語っている。発酵パンの世界という前置きをしているのは、生地を発酵させないパンもあるからだ。この無発酵パンは、麦粉だけではなくトウモロコシやキビ、アワなどの雑穀を混ぜた生地で、平鉄板や凹凸がある鉄板を直火にかけるかあらかじめ熱しておくかして生地を薄く広げて焼く。薄く焼くのは、厚くすると石のように硬くなり、歯が立たないからである。

これに対して発酵パンは、麦粉に水分を混ぜてこねた生地に酵母菌などを加え、発酵させて作る。発酵した生地は膨張し、ふっくらとしたパンが焼き上がるのである。発酵パンのなかにも薄焼きにするものがあるが、どのように焼くかは燃料の調達などの環境に大きく作用される。平焼きはすぐに焼き上がるので、燃料が少なくてすみ、焼成設備も簡素なもので事足りる。平焼きはハーンのバウムクーヘン発達史第四期への移行の重要な要素になるため、あとで詳しくみていく。

パン生地の発酵は、イースト菌(4)が麦粉に含まれている糖分を取り込み、炭酸ガスとアルコールに分解しながら増殖することで起こる。麦粉のなかの粘性のもとになるグルテンを炭酸ガスが膨らませ、無数の気泡を作る。これが発酵である。発酵パンは古代エジプト時代から作られていて、古代ギリシャでも作っていた。

発酵生地はふんわりと焼き上がる。ただし、ふんわりと焼き上げるためには間接的にじわじわと火を通すことが必要である。製パン技術が確立された古代エジプトには次の二つの焼成法があった。一つはレンガをコの字型に囲って火をおこし、その上にレンガのプレートを差し渡してその上で生地を片面ずつ焼く方法であり、もう一つはタヌールと呼ばれる蓋がある壺を熱して内側にパン生地を入れて、壺にこもった余熱で焼き上げる方法である。プレートに載せて焼く前者の方法は薄焼き生地をパリッと焼き上げるのには向くが、厚手の生地を焼くのには適さない。前述したように、発酵させた生地をふんわりと焼成するには、熱した空間で間接的に火を通す焼成法をとらなければならない。そこで古代エジプトで編み出された焼成方法が、タヌールという壺を熱してそのなかで焼く方法だったのである。

古代ギリシャは古代エジプトに製パン技術を学んだが、焼成法は次の四つの方法をとっていた。[5] すなわち、①たき火の燃えがらに生地を置いて灰をかぶせて焼く方法、②火桶で焼く方法、③直火の上であぶり焼きする方法、④覆いをかぶせて焼く方法である。①の熱が残る灰をかぶせて焼く方法はプレート焼きの欠点である硬い焼き上がりを解消するために編み出された方法で、じっくりと焼き上げることができる。しかしこの方法は、灰を取り除く手間がいとわれて廃れた。②の火桶で焼く方法は、オリーブ油で揚げるか、もしくは少量のオリーブ油を敷いて焼くもので、薄い無発酵生地と厚手の発酵生地の両方に対応可能な焼成方法だが、燃料のほかにオリーブ油が必要になる。また、素焼きであるパンとは違う食感と味わいになる。③の直火の上であぶり焼きする方法では、魚の焼き網のようなものを直火に載せて焼く。この方法では表面だけが先に焦げてしまい、なかまでじっくりと火を通すことはかなり難しい。④の覆いをかけて焼く方法は、足付き台の下で火をおこし、上に大きな素焼きのベル型のものをかぶせて、下からの熱をこもらせて焼成する。これはエジプトの熱した壺焼きと同じく間接的に火を通すもので、発酵パンをふっくらと焼くことができる。

こうして古代ギリシャ時代のパンの焼成法をみていくと、焼き串に生地を巻き付けて焼くオベリアスは前述の四つの方法のなかのどれにも属さないものだとわかる。つまりオベリアスは、パンの焼成法にはのっとらない方法で焼いたパンである。この直火にかざしてあぶり焼くという簡易的な方法でパンを焼くことを編み出したのが、放浪中のディオニュソスだとされる。このことからオベリアスはディオニュシア祭で奉納されるパンになったのである。図1―1から見て取れるように、ディオニュシア祭のオベリアスは供物としての存在感が求められた。紐状に成形できるように粗挽きスペルト小麦粉を固めにこねて巻き、食べられるかどうかは度外視して、とにかく焼き上げたものだろうと想像する。

しかし『食卓の賢人たち』にあるように、焼き串に生地を巻き付けて直火で焼くオベリアスはその後もパンの一種として生き残っていく。ローマ時代二世紀のオベリアスは発酵生地のパンだったかもしれない。だが、生地自体はふんわりとした発酵生地でも、直火にかざして焼成されるオベリアスは表面が焦げて硬く、焼き串に近い部分は生焼けのところもあったと思われる。そのために、オベリアスは「もぐもぐ食う」パンで、「ふつうのパンの方がいいなどとは言わぬこと」と記述されたのだろう。

パンの焼成法と料理の焼成法

古代ギリシャのパンの焼成方法は、火をおこして上から覆いをして熱をこもらせ、その空間で間接的に火を入れる方式に発達していった。覆いはいろいろな形があって名称もさまざまだったようだが、素焼きのベル型に落ち着いた。大小のベル型の覆いを重ねていて大きいほうの覆いには空気孔がついていたとされるが、詳細な構造はわかっていない。古代ギリシャでは間接加熱の焼成設備は模索中だった。これらの窯はパン焼きだけでなく、調理にも使われたと考えられている。また、窯の大きさは人が一人で動かせる規模のもので、移動式だった。当時はパンを焼くことと調理は不可分だったが、紀元前五世紀にはパン焼成専用の窯が現れる。幌馬車型の覆いがあるこのパン焼き専用窯は、幌が開いた面に人が座り、幌内の片隅で火をたいて内部を熱してパンを焼いた。

パン専用窯の完成をみるのは、紀元前二七年のローマ帝政時代である。ポンペイの遺跡からは、現代の薪用パン窯とほぼ変わりない石窯が出土している。舟田は『パンの文化史』で、ここでパン焼き窯とパン焼き技術は一応の完成をみたとしている。[6] これは同時に、パンの焼成が調理とは切り離されたことを示唆している。舟田の調査では、丸天井をもつこのレンガ製の窯の直径は約二百五十センチである。大型のパン焼き窯の完成は、パンが一度に大量に焼けるようになったことを意味する。しかし、この大量の薪を使って長時間かけておこなうパンの焼成は家庭での仕事には適していない。そのためパンの焼成は専門の職人によってなされるようになり、ローマ時代の都市部では、パンは家庭で作るものではなくパン屋で買うものになった。[7]

ここまで本書では「直火にかざしてあぶり焼く」「空間を熱して間接的に火を入れる」という回りくどい表現をしているが、ヨーロッパの料理法ではこの二つは、それぞれ一言で言い表すことができる。直火でのあぶり焼きは英語で roast（網で焼くと broil）ドイツ語で rösten、熱された空間での間接加熱は英語で bake、ドイツ語で

backenである。「バウムクーヘンの系譜」でも触れているが、ディオニュソスが旅行中に編み出したとされるオベリアスは明らかに肉のローストを転用したものと考えられる。(8) パンの焼成法であるbake、backenではなく、料理の焼成法であるroast、röstenで焼くオベリアスは、いわばパンの領域から料理の領域へと越境したパンであり、通常のパンからすれば「異端のパン」だった。食べ物としての境界をまたいでその立ち位置が変わるという変遷は、その後の串焼き菓子について回ることになる。

2　第二期は紐状の生地

ハーンの「バウムクーヘンの系譜」では第二期に、『ハイデルベルクの写本』という史料にあるとされる焼き菓子を取り上げている。(9) これには「一本の串で菓子を食べることについて」という表題がついている。第二期の串焼き菓子について論じるには、ヨーロッパでの食材の加熱法と設備の変遷をみておかなければならない。さらに、パン職人の仕事とその領域についても明らかにしておく必要がある。これらは、「バウムクーヘンの系譜」の第二期以降の変遷を考察するうえで重要な足がかりになるものである。第二期の検討に入る前に、少し長くなるが詳細に説明しておきたい。

ヨーロッパの加熱方法とその設備

まず基本的な前提として、ヨーロッパの加熱方法とその設備について明らかにしておく。なぜならば、直火にかざしてあぶり焼くバウムクーヘンにとって、加熱方法とその現場、つまり火の管理の仕方は最も重要な仕事の一部になっているからである。ヨーロッパでは十八世紀まで次の三つの加熱作業、すなわち、直火であぶり焼きする作業、レンガや石で閉じた竈のたき口に鍋をかけて煮炊きする作業、熱した空間で間接焼成する作業はそれぞれに独立した仕事だった。これらの加熱方法の独立性について系統立てて述べた文書は少ない。多くは『食の歴史』第二巻の第三十章「火から食卓へ[10]」のように、竈とパン焼き窯の機能の区別にはあまり注意を払っていない。あるいはルヴェルの『美食の文化史』のように、中世の加熱方法についてはは「およそ十三世紀まで料理用ストーブは知られず、主な加熱手段は巨大な炉であった。（略）穏やかな熱を発する炉が存在しなかった[11]」という記述にとどまる。これらの加熱方法の独立性は、バウムクーヘンの変遷をたどるうえで重要な足がかりになる。ここでヨーロッパの加熱方法の変遷を整理しておきたい。

まず、「直火であぶり焼き」「直火で煮炊き」「熱した空間での間接加熱」の調理方法を確認しておく。「直火であぶり焼き」は、むき出しの火に材料をかざして焼く方法である。材料は串などに刺すか巻き付けるかして、一対の足場に串を差し渡して火の前に置く。ときどき串を動かすか回すかして焼くのである。「直火で煮炊き」はむき出しの火の上に五徳を置くか、自在鉤などで吊り下げて煮炊きする。その際、むき出しの火を石などで囲って火を集約させると竈になる。「あぶり焼き」と「煮炊き」は直火を使うことが共通している。これに対して「熱した空間での間接加熱」は、囲った空間を熱して、そこに材料を入れてじわじわと加熱する方法である。蒸し焼きとも表現される。

直火を使う「あぶり焼き」と「煮炊き」は、住居のなかにある火を炉にする。こうした炉は、床の一角に火を蓄え、暖をとり、あぶり焼きと煮炊きをするために使った。中世以前に屋内の中心に作られた炉は、暖房であり、明かりであり、調理設備だった。炉は十三世紀まで家の真ん中にあったが、次第に中庭に面した壁面に移動し、そこに仕切りを設けて台所が生まれる[12]。ただしこれは都市部のことで、農村では十六世紀でも家の真ん中に位置することがあった。前述したように、むき出しの火である炉は、材料をあぶり焼きする、自在鉤に鍋をかける、あるいは五徳に鍋を置いて使用する加熱設備だった。しかしながら十六世紀後半ごろからは、熱効率を集約するために石やレンガで囲いをして火を閉じ込め、上部にたき口をもつ竈も現れる。ここで「あぶり焼き」と「煮炊き」が分かれる。

図１―２と１―３は、一七二三年版の『ブランデンブルク料理書』と、一七五八年版の『ニーダーザクセン料理書』にある調理場である。『ブランデンブルク料理書』では、炉の前で野禽と思われるものを「あぶり焼き」にしている。『ニーダーザクセン料理書』では、炉の上に自在鉤に鍋を吊るしていて、横には五徳が置いてあり、こちらにも鍋をかけている。手前では塊肉を「あぶり焼き」している。

三つ目の「熱した空間での間接加熱」は、前節で取り上げたように、ふっくらとしたパンを焼くための工夫から古代ギリシャで案出され、古代ローマ時代に完成した焼成方法だった。古代ギリシャ時代には小規模なパン焼き窯は料理にも使われていたとされるが、古代ローマ時代の大型のパン焼き窯の完成によってパン焼き窯はパン

図1-2　『ブランデンブルク料理書』の調理場
（出典：Maria Sophia Schellhammer(oder Schellhammerin), *Das Brandenburgische Koch=Buch / Oder: Die wohl unterwiesene köchinn,* Photmechanischer Nachdruck der Ausgabe bei Johann Andreas Rüdiger, 1723.）

図1-3 『ニーダーザクセン料理書』の調理場
（出典：Marcus Looft, *Nieder=Sächsisches Koch=Buch*, Fotomechanischer Nachdruck der in Altona und Lübeck, erschienenen Ausgabe von 1758.）

職人によって管理されるものになる。

以上が、「直火であぶり焼き」「直火で煮炊き」「熱した空間での間接加熱」の大まかな系譜である。

これらとは別に十三世紀以降の台所の誕生は、生活空間には暖房設備としての暖炉を出現させる。[13] 暖房用の暖炉も貴重な熱源である。暖炉は暖をとるだけではなく、体を洗う湯を沸かすことや台所の炉や竈とは別の副次的な調理にも使用された。

以上のヨーロッパの加熱方法を英語とドイツ語で表すならば、前述のように「直火であぶり焼き」するのは roast・rösten である。竈に鍋などを載せて「煮炊き」する方法は、長時間とろ火で煮る調理法、あるいは少量の油脂で炒めておいてあとで煮込む調理法、多めの油脂とともに煮る調理法などに分かれるが、英語では煮込むは stew である。ドイツ語では kochen が材料の芯まで火を通すという意味の煮るを表す。

加熱器具については、ここまで炉、竈、パン焼き窯と表現してきた。日本でヨーロッパの加熱調理器の機能への理解を困難にしているのは、その呼び名が機能と呼応していないことだと思われる。炉は英語では fireplace だが、竈は kitchen range になる。range はもともと列や範囲、階級などを表したが、多くのたき口が並ぶ加熱器をさすようになった。この range がややこしいのは、日本ではたき口が並んでいる加熱器具をレンジと呼んでいたが、現在では電子レンジのように加熱器具全体を意味するようになっていることだ。たき口がある加熱調理器のコンロという呼び名も生きているが、コンロは本来持ち運びができる小さな炉や竈を意味し、七論などをさす。一方、ドイツ語では炉は Herd で、むき出しの火である炉のほかに閉じ込めた火である竈も意味し、加熱器具全体をさす。ガスでの加熱調理器は Gasherd、電子レンジは Mikrowellenherd になる。

さらに理解を難しくしているのはパン焼窯の機能 bake である。家庭用の熱した空間での間接加熱調理器、つまり bake する調理器具は、暖房用の暖炉の改良から生まれるのである。むき出しの火だった暖炉は居間に置かれるようになると、家具としての装飾性を求めるものと調理機能を兼ね備えた暖房器具とに分かれる。美しい陶製調度品はカッヘルストーブ[14]で、調理をする暖炉には調理機能をもつ鉄の箱が備えつけられるようになる。この鉄の箱が暖炉の火で熱せられた空間になり、間接加熱ができる調理器になったのである。装飾性を求めたカッヘルストーブでも、鉄の箱が付けられたものでも、むき出しだった火は覆われる。むき出しの火をそのまま残した暖炉も残るが、むき出しの火が覆われた暖房器具はストーブになる。

暖炉とストーブの区別は難しいが、ここでは火がむき出しのものを暖炉、火を覆ったものをストーブとする。当初この鉄の箱付きのストーブは調理用ストーブと呼ばれていた。英語には cookstove という言葉が残っている。これが現在オーブンと呼ばれる加熱器具の始まりである。つまり現在のオーブンは、熱した庫内で間接加熱する焼成法は同じながら、ローマ時代に完成したパン焼き窯とは違う経路で発達した調理器具なのである。そしてここにも呼び名の落とし穴があるのだが、オーブンはその起源からストーブとも呼ばれる。ドイツ語の Ofen は炉、暖炉、ストーブであり、調理用のオーブンの意味もある。

古代ローマ時代に完成したパン焼き窯は、中世以来、パン職人が管理した。しかし、台所ができて暖炉が居間にも置かれるようになると、暖炉はbake・backenの機能をもつ鉄の箱、つまりオーブンを備えるようになる。これは十五世紀から始まるとされ、このオーブン機能をもつストーブが現在のように台所の加熱調理器具と統合するのは十八世紀末とされる。一般に普及したのは産業革命期のイギリスにおいてであり、オーブンと竈の機能をあわせもつ鋳鉄でできた箱形の調理器具は、消費者のステータスを象徴する製品の一つになった。[15] これは鉄の扉がついた空間に石炭を入れて燃やす庫内オーブンがあって、上部はたき口レンジが並ぶ鋳鉄製の調理設備で、石炭と鉄という産業革命の副産物でもあった。ここで、オーブンを内蔵して上部にレンジが並ぶ調理器具、つまりstewとbake機能をあわせもつ調理器具の原型ができあがるのである。

むき出しの火は危険なものであり、火の制御こそが中世以来料理人に求められた技術だった。近代の家庭台所でも同様だったことは間違いない。[16] しかしながら、調理器具の変遷をみていくと、火の姿、炎は人に安心を与える一面もあることに気がつく。炉を意味するドイツ語のHerdは家庭や団欒の比喩にも使われるし、Ofenは暖められた部屋というような意味もある。一八三〇年代のアメリカで火を閉じ込めたストーブが紹介されたとき、火を見せないようにしたストーブは憎悪の感情を呼び起こすとまでいわれ、酒場や裁判所などの公共の場では受け入れられても家庭には不似合いとされたという。[17] そのため、危険であると同時に人に安心感をも与える火を管理しておいしい料理を作ったりパンを焼き上げたりすることは、二十世紀までは料理人、パン職人、菓子職人の腕前の証しだった。この火の管理に対する評価と態度は、ハーンの第五期のバウムクーヘン完成に至る重要な要因になる。次に、bake・backenをつかさどるパン職人の仕事の領域とそこから派生する焼き菓子の誕生のプロセスをみていこう。

パン職人の仕事と焼き菓子の起源

十二世紀以前のヨーロッパでは、パンの製造は二つの仕事に分かれていた。すなわち、パン生地をこねて成形する製パン職人の仕事と、生地をパン焼き窯で焼成するパン焼き職人の仕事である。理由は、二つの仕事がまったく別の技術を要するものだったからだ。[18]製パンは製粉と保存、こねるという作業とそれに続く成形と発酵という粉にまつわる仕事だが、それに対してパンの焼成は火の制御という危険を伴う仕事だった。しかも、パンの焼成には大量の薪を必要とした。一度火をおこしたらまとめて大量のパンを焼けば燃料が無駄にならない。そのために、ローマ時代に完成したパン焼き窯は大型だった。大型のパン焼き窯はパン焼き職人だけが使用し、手入れをし、修理した。こうしてパンの焼成技術、知識、コツはパン焼き職人に独占された。しかし、製パン職人も十二世紀末には自前の窯を所有するようになる。というのも暮らしに必要不可欠なパンの製造は安定した職業であり、収入はよく、社会的地位も高かったからである。[19]ただし、本章第1節の項「パンの焼成法と料理の焼成法」で述べたように、都市部ではパンはパン屋から買うものになっていたが、それによって家庭でのパン作りが絶えてしまったわけではない。これは前節でも少し触れたが、家庭内で暖房用の暖炉を利用してパンを焼くという小規模なものとして残り続けている。[20]実は、この家庭内のパン焼き作業は楽しみや趣味性を伴うこともあり、そのことが「バウムクーヘンの系譜」の第四期への変遷の重要な役目を果たすことになる。

十三世紀以降、製パン業はいっそう充実する。軟質小麦粉を精製した白い小麦粉で作った、黄金色の皮に包まれた白くふんわりとした高級パンは都会的洗練の証しになる。[21]祝祭日に製パン業者は、上質の白い小麦粉でパン生地とは別に牛乳や卵、香辛料を加えて菓子を作った。裕福な人々は祝祭日に限らず上質な小麦粉や卵などを提供して、日常のパンとは違う贅沢なものを焼いてもらうようになった。これらは、現在のパンケーキやクレープなどのような軟らかく流動性がある生地で、持ち手がついた鉄製の二枚重ねの型に流して挟んで焼く薄い菓子、つまりウブリだった。[22]パン焼き職人は、パンを焼成したあとのまだ十分に熱をもっている窯に鉄製の型を差し込んで焼いた。これが焼き菓子の起源である。つまり、焼き菓子はパン焼き窯で生まれたものである。

これに対して肉を焼くroast・röstenはむき出しの火がある炉端でおこなうものであり、パン焼き窯を使うパン焼き職人の仕事とはまったく別種のものだった。この料理と製パンの仕事の独立性を踏まえて第二期の「一本の串で菓子を食べることについて」（一四五〇年）のレシピを読むと、串焼き菓子は料理人によって焼成されている「料理」であることがわかる。そこで、「一本の串で菓子を食べることについて」のレシピをみていく前に、串焼き菓子の焼成の現場を生き生きと伝える『エプラリオ』の木版画を紹介する。

調理場の図『エプラリオ』

「バウムクーヘンの系譜」では、串焼き菓子は一五〇〇年ごろに教会や貴族などの支配階級から市民へと広まったとして、それを示す図版として二六年のイタリアの料理本『エプラリオ』の表紙とされる木版画（図1―4）を所収している。この木版画では、焼き串に生地を巻き付けて炉にかざしてあぶり焼きする様子を描いている。

炉は壁面に設けられ、上部には煙を取り込むフードがついている。炉には自在鉤を吊るし、大鍋をかけている。煮えたぎる大鍋を、女性が長い柄がついた玉杓子で混ぜている。手前右にあるのは火力を調節するふいごだろう。炉から適度に離れたところに三脚台を一対置いて、焼き串を差し渡して、それに生地を巻き付けている。いちばん手前の中腰の料理人が手にしているのは、脂を塗るために使っていたというガチョウの羽である。柄付きの丸い容器は火の下にもっていき、肉からしたたる脂を受けるものである。料理人はガチョウの羽でいままさに脂をすくっているところである。柄付きの容器は鉄でできていて、火から離れて調理できるように長い柄がついているが、鉄製のために重い。調理は、熱さに耐えながら重い器具を使う重労働だった。また、鉄の道具は熱くなるので、やけどにも気をつけなければならない。直火にかざしてあぶり焼きするローストでは、焼き串を回転させながら火を通していく。直火にかざしたままでは表面だけが焦げて硬くなる。火の具合を調節しながら焼き串の回転の速さを決め、穏やかに火を通していかなければならない。料理人は焼き上がりを見ながら、頃合いをみて油脂を塗る。横では女性が焼き串を回している。ここでは、調理人が串を回す女性に「もっと、ゆっくり」とか「もっと、速く」と命令しているにちがいない。火の具合に合わせて回転の速度を調整し、穏やかに確実に芯まで火を通すこと、これが料理人の腕前の見せどころだった。この木版画の場所は、住まいとは別棟の高位の聖職者か貴族などの裕福な家の調理場である。入り口には仕留めたウサギが届いていて、手前の作業台では野禽がさばかれている。この図からも、串焼き菓子は料理人が作る「料理」だったことがわかる。

一四五〇年のレシピ

次に、一四五〇年のものとされる「一本の串で菓子を食べることについて」と表題がついたレシピをみていこう。(23) 和訳を以下に記す（翻訳は筆者訳。以下同）。

> 異教徒の生地から一本の串で菓子を作ろうとするならば、およそ二種あるいは三種の色の生地を用意しなさい。そして生地を長さに従ってそれぞれ並べておき、一つが短くないようにナイフで切りそろえなさい。そしてそれを木製の串の周りに巻き上げなさい。そして卵を軽く塗りなさい。そうすれば、菓子は満足できるものになる。そしてそれをあまり熱くならないように焼きなさい。

図1-4　『エプラリオ』の木版画
（出典：Fritz Hahn, "Die Familie der Baumkuchen," in *Der Konditormeister,* 18. 1964, Nummer 26, S. 410.）

このレシピにある生地 Teig は、こね粉を、それも特に保形性がある状態のものをさす。ただしTeig は、バターや卵、砂糖などの有無は関係なく形状を表すものだから、これがどのような生地かはわからない。クラウスの『美しい焼き菓子年代記』によると、串に生地を巻き付けて焼く当時の菓子の生地は小麦粉、卵、生クリームそしてスパイスから作っていたとある。[24] 串に巻き付ける Teig には「異教の」という形容詞がついている。これは中世に、アラブの影響を受けた料理につけた形容詞である。[25] 中世ヨーロッパでは、アラブの影響は十世紀に始まる十字軍の遠征に始まったが、これは食の分野でもみられた。[26] 具体的にはサフラン、コショウ、ショウガ、クローブなどを中心にした香辛料の使用である。

香辛料は風味づけとともに色づけとしても使われ、彩色した料理は中世の宴会料理の特徴である。ヨーロッパでは料理の色づけは十三世紀末から十四世紀前半にかけておこなわれ、次第に色が食を特徴づけるようになった。[27] しかし、十五世紀になると料理に色づけする目的は、宴会料理で見栄えのよさを意識した視覚的効果をねらうものになってくる。[28] 二種あるいは三種に彩色した生地を用意するという前述の指示からは、それに使う香辛料や色の指示はなく、この菓子の彩色が単に見た目の効果のためだけだったことがわかる。長さをそろえるようにという指示は、均一な螺旋状に仕上げるためだろう。これも仕上がりの美しさを求めるものである。卵を軽く塗ることは焼き上がりに照りを出すためであり、あまり熱くならないように焼きなさいという指示は、いうまでもなく焦げすぎないように色よく焼き上げるためである。

以上のことから、「一本の串で菓子を食べることについて」のレシピは料理人が宴会料理として焼成している菓子であることが見て取れる。ハーンの第二期の串焼き菓子はもはや簡易的なパンではなく、料理場で焼成する宴会用の菓子になっている。それでは、味覚的に劣るパンだったオベリアスから宴会料理として料理人が焼成する菓子へという移行は何を意味するのだろうか。これらについての考察は第2章第3節の項「中世の串焼き菓子について」で取り組むことにして、「バウムクーヘンの系譜」の発達史の精査を進める。

3　第三期——十六世紀の板状生地

「バウムクーヘンの系譜」の第三期の串焼き菓子は、次の二つの料理書にそのレシピを見つけることができる。その料理書とは、バルタザル・シュタインドル『美的で有益な料理書』とマルクス・ルンポルト『新料理書』である。(29)それぞれのレシピの解読に入る前に、十六世紀の料理書と『美的で有益な料理書』『新料理書』について簡単に説明しておきたい。

十六世紀の料理書

十五世紀半ばにヨハネス・グーテンベルクが改良した活版印刷術は、十三世紀ごろにイスラム世界からイベリア半島とシチリア島を経てヨーロッパに伝わった製紙法と結び付いて、従来の写本よりも迅速で安価な書物の製作を可能にした。(30)一五〇〇年までにヨーロッパの二百五十以上の都市に印刷機が設置され、ヨーロッパの人口が約八千万人だった時代にあらゆる種類の書物が千二百万冊から二千万冊作られたという。(31)このように書物の普及が進むなかにあって、料理書は比較的早くから出版された。ヨーロッパでの初期の料理書は、フランスで一四八六年に出版されたギョーム・ティレル（別名タイユバン）『あとに続くはル・ヴィアンディエなり』（以下、『ヴィアンディエ』と略記）と一五〇五年に同じくフランスで出版されたバルトロメオ・サッキの筆名であるプラティーナ『高雅なる逸楽と健康について』(32)が挙げられる。また、イギリスの社会学者スティーブン・メネルは『食卓の歴史』のなかで一四八五年に出版された『料理長』に言及している。(33)

『高雅なる逸楽と健康について』は食事のマナーや健康にいい食事の楽しみ方の記述が主で料理に関する部分は少ないが、『ヴィアンディエ』は中世にみられる写本の料理書をもとにしたものである。タイユバンは、一三二六年に王室の調理場で働き始めて以来約七十年フランス王室に仕えた実在の料理人である。この書物は、タイユバンの名のもとに十四世紀ごろのフランス王室料理を集約した料理書とみられている。また、メネルが自著で取り上げた『料理長』は、一四八五年にニュルンベルクで出版されて以来ドイツで五十六版を重ねたとされる。(34)

料理書は十六世紀に入ると相次いで出版された。とりわけ活版印刷術の発祥の地であるドイツでは十六世紀には多数出版され[35]、その代表的なものが、レシピを所収している本節冒頭のシュタインドルとルンポルトの二冊である。

ドイツでは料理書はラテン語ではなく俗語、つまりドイツ語で書かれた。このことからメネルは『食卓の歴史』で、十六世紀の料理書は、高位の聖職者や宮廷で働く料理人の仕事をそのすぐ下の階層の料理人が模倣したいという社会の要求をすくいとったものとみることができるとし、「料理実践者が、料理実践者のために書いた[36]」と捉えている。しかしながら一方で、ウィートンは『味覚の歴史』で『ヴィアンディエ』について次のように述べている。「書物の中にみられる数々の誤りは、印刷し、出版した者が料理に携わっていなかったことを物語っている[37]」。この指摘も見落とすべきではないだろうが、その考察は筆者の力の及ぶところではない[38]。本章では、冒頭のルンポルト『新料理書』の巻頭文からわかる部分を抜き出して和訳したものを示しておきたい。あらかじめ次のことについて断っておく。原文は近代以前の古いドイツ語で書かれたものであるため、現代のアルファベットに置き換えたうえで和訳した。古いドイツ語は現代ドイツ語とはつづりと文法が異なるために、現代ドイツ語としては不完全である。さらに、できるだけレシピの内容を忠実にくみとることに重点を置いたため、和訳が回りくどい文章になった。なお、単語を訳すだけでは意味がわかりにくい部分については〔 〕内に引用者の補足と説明を挿入した。ルンポルトはマインツの大司教の大膳職の長という役職にある料理人で、この文章からは当時の料理人と料理書のあり方が伝わってくる。

高貴なる侯爵夫人と貴婦人のみなさま、デンマーク王女アンネ様、ザクセン侯爵夫人、チューリンゲン方伯夫人、マイセン辺境伯夫人、マルデブル城伯夫人ならびに敬愛するご婦人方。

考えうる諸技能のなかで、料理ないし厨房術〔Küchenmeisterey〕は最も低いものとは言えない。というのは身分の高い者も低い者も、健康を害することなしにはこの技術を断念することはできないからだ。

生命というのは危うい性質のもので、栄養が低下すると自然の熱によって消耗が激しくなるが、しっかりとした食事によって疲れきった体と四肢は栄養を補給され、体力を回復できる。それはちょうど油やそのほかの脂肪がある間は、栄養の低下によって脂肪がついには生命から分離されるに至るまで、照明やランプが炎を燃やし続けるようなものである。あるいは、あまりに多くの不純で役に立たない脂肪があれば、火は無理やり消されてしまうのである。

同じことは地上のあらゆるもの、もちろん人間の体にもあてはまることで、人間の体のなかでは日々の仕事によって炎あるいは熱は増え、体液と栄養は常に消費され消耗されるが、それを回復して再び光を起こし、自然の炎が十分でない下手にしつらえられた食事によって消し去られてしまわないためには、〔きちんとした〕食事と飲み物が絶対に必要であることは、すぐにわかるだろう。食事は大いなる謙虚さ、勤勉と配慮によって準備される必要がある。

〔体調が悪くなる原因は〕何かよくない不健康なものを食べたり飲んだりしたことによるのである。するとそれを治すために医者にかからなくてはならない。医者はそのような症状と姿をみて、病気であることを確信するだろう。

多くの危険な病気の本来の、また第一の原因は、料理人の無知か無分別、あるいはぞんざいさか無思慮にある。

そのため偉大な領主たちはしばしばこれまで自分付の料理人に、私の生命と健康はお前たちの手にかかっている、と言い聞かせてきたのである。

そのために若年のころからこの技に精通し、修業することは、必要欠くべからざることなのである。そのためにも優れた料理本は少なからず必要である。

私は多くの領主のもとで長年苦労を重ねてきた。たとえば、イタリア、オランダ、コイセン〔?〕、プロシア、ポーランド、ハンガリー、ボヘミア、オーストリア、ドイツで見聞を広め、経験を積んできた。その研鑽からいくばくかを印刷に付したいのである。というのも、人々がそこからおそらくなにかを学んでもらいたいだけでなく、私にしばしば教えを請いにきた若い人たちに奉仕したいからである。

まず、この巻頭文を高位の婦人たちに捧げていることから、高位の家では料理人は家主ではなくその夫人に近しい存在だったことがわかる。またルンポルトの文章からは、料理は健康を維持するものであり、料理人は主人の健康管理を担う者という自負が強く現れている。さらに、ルンポルトのもとには若い料理人が教えを請いに訪ねてくることもわかる。そして何よりも巻頭文から伝わってくることは、ルンポルトは自身を職人ではなく、マインツの大司教に仕える家臣と捉えていることである。

次にシュタインドルはバイエルンのディリンゲン出身で、バイエルン公国のアウクスブルクで銀山と金融で資産を築いた富豪のフッガー家で働く料理人だった。料理人といってもルンポルトと同様にフッガー家の貴賓館を統括する司厨長である。彼の『美的で有益な料理書』には二千を超えるレシピが収載されている。そのなかにはマジパン細工で作った赤い蟹などという遊び心にあふれたものもある。当時名をなした料理人には、自身がもつ料理技術を伝え広めることが期待されていたようだ。シュタインドルも『美的で有益な料理書』の巻頭で、人々が自分自身で芸術的で役に立つ料理を学ぶことができるようにこの本を記したと述べている。(39)

以上のことからわかるように、串焼き菓子は、高位の聖職者や富豪に仕えた料理人だったシュタインドルやルンポルトのような仕事の集大成を記した料理書のなかに収められているものだった。このことを踏まえて、二つのレシピをみていく。

一五四七年のシュタインドル『美的で有益な料理書』のレシピ

以下、近代以前の古いドイツ語で書かれた『美的で有益な料理書』の「宮廷風の食事と、この管状のものは呼ばれる」と表題がついたレシピの和訳を記す。

　宮廷風の食事と、この管状のものは呼ばれる

良質の白い小麦粉を半カップとり、それを半分ボウルに入れなさい。〔ボウルは〕銅または錫であるよう。部屋で温めた小麦粉を使いなさい。一カップの甘くした生クリームを使いなさい。それを、指をそのなかに入れたくないと思うくらいに温めなさい。甘くした生クリームのなかに山盛り一スプーンの西洋ノコギリソウ[40]を入れなさい。卵二個をとり、生クリームのなかで泡立てなさい。そしてそれ〔残りの小麦粉〕を混ぜなさい。温めるために錫のボウルの上に置きなさい〔おそらく、生地を入れた錫のボウルをどこか温かいところの上に置くという意味ではないか〕。すると生クリームは膨らむ〔発酵することを表す〕。それが繊細で滑らかな葉の表面のようになるために、十五分間膨らませなければならない。

それから八分の一リットルの干しブドウを入れなさい。よく乾燥したものを選ぶこと。生地によく混ぜる。細かく砕いた半ロット〔約八グラム〕のメースを生地に混ぜなさい。そうすればやがてつながって滑らかになる。そうして生地を再びボウルに入れて、それが膨らむように温めておきなさい。十五分たったら、このために作られた焼き串を取りなさい。それが湿らないように、ほんの少しのラードを塗ること〔焼き串の内部に水分が浸透しないようにラードを保護膜として使う、という意味か〕。そして生地をとりなさい。生地を焼き

串に同じ厚さで何度も巻き、それが滑らかになるようにしなさい。そして少しの塩を加えた卵黄を使い、焼き串の上の生地の周囲に頻繁に塗りなさい。それがすばらしい黄色になるように。それを塗ったら、粗いより糸を手に取り、輪になるように生地の周りを巻きなさい。より糸が均一になるように見ていること〔?〕。

第五巻

着色。生地がより糸でぐるりと巻かれていれば、生地は焼き串から外れることはないだろう。そうして生地を、激しく燃えた火に置きなさい。生地が温まるまで、何度もすばやくひっくり返して焼く。その次にラードを取り、指が入れられるくらいの温度にそれを溶かしなさい。そして足の甲の長さと二本の指の幅の小さな布切れを取り、それを丸太棒に巻きなさい。それをラードのなかにつける。糸を紡ぐようにラードを焼きものに塗る。そして、より素早く焼き物の周りを焼きなさい。そうすればラードは取り払われる〔焼け落ちる〕だろう。そして前にも増してラードを塗り、きれいに焼けるまで焼きものを焼きなさい。そこで焼きものに三回目の塩をし、それを何度も焼きなさい。それがきれいに薄茶色になるまで。そうして焼きものを火から取り出し、焼き串をひっくり返しなさい。糸を引っぱり、急いで美しい白い布の上に置きなさい。それから一本のナイフを取り、焼きものを両側から、その場所から離しなさい。そして両手で一つの布を取りなさい。それをきちんとゆっくりと下に引き伸ばしなさい。そうすれば、焼き物がきちんと置かれる。温かさが外へいかないように、両端に一枚の小さな布を突っ込みなさい。そうすれば、焼きものが美しい形にまとまり、きちんとなかまで乾燥し、つまり完成される。生地は最初に調合するとき、塩をしなければならない。また生地を調合したならば、布をテーブルの上に広げ、焼き串をあちらこちらに揺らすこと。そうすれば、生地はすぐに焼き串のほうにきます〔?〕。

最初のレシピで言及している錫は熱伝導が速く、また保温性も高い。したがって、錫のボウルを使うようにという指定は、この生地が温かい状態を保たなければならないものであることを示している。小麦粉を部屋で温めるという指示からも生地の温度の重要性がうかがえる。さらに、指を入れたくないぐらいに生クリームを温めるとある。指を入れたくない温度とは、そのあとに卵を混ぜることを考え合わせると六〇度前後と考えられる。卵黄は六五度から凝固してくるからである。このような生地の温度管理の指示からは、これが発酵生地であることがわかる。十五分間で膨らまなければならないという記述は、生地の温度管理、混ぜ方などが悪ければ、この生地はうまく発酵せず、おいしくは焼き上がらないということを意味し、この菓子の製造は熟練を要するものであることを示している。

表題に「宮廷風の食事」と記していること、また材料に「良質の白い小麦粉」を使っていることは、この串焼き菓子が贅沢で特別なものだったことを物語っている。また「甘くした生クリーム」を使用しているが、甘さの程度は示しておらず、何による甘さかもわからない。風味は西洋ノコギリソウでつけられている。十五分間一次発酵させたあとに干しブドウと砕いたメースを加えてこねてまとめ、二次発酵させている。これらの工程からは、これはパン生地の扱いがなされていることが見て取れる。そしてこの生地は、「このために作られた焼き串」で焼成する。生地を焼き串に「同じ厚さで何度も巻き」という記述からは、生地を帯状にして延ばして焼き串に巻き付けたと思われ、同じ厚さと記しているところから、均一な火の通りを考慮しているようである。さらに塩を加えた卵黄を塗るのだが、これは「すばらしい黄色」に焼き上げるための作業である。

これに続く第五巻は焼き方と焼き串からの外し方の解説である。こちらはラードを塗りながら焼くとあり、塩で味の仕上げをすることを強調している。焼き串からどうやって外すのか意味をつかめないところもあるが、焼き串の両端をナイフで切り落とし、布の上で焼き串を揺り動かして生地を外すのではないかと推察できる。

一五八一年のルンポルト『新料理書』のレシピ

温めた牛乳を使いなさい。そしてそのなかに卵を混ぜ、きれいな白い小麦粉とともにこねて生地にしなさい。

少量のビール酵母とバターをそれに加えなさい。生地が膨らむようにしばらくの間オーブンの脇に置いておきなさい。生地を再び小さな山のように膨らませなさい。そしてそれにすこし塩味をつけなさい。そして次にそれをしっかり念を入れてこねなさい。黒い干しブドウをその上に散らしなさい。よく温めたバターを塗った麵棒を使いなさい。そして麵棒を生地の上に置きなさい。生地を上に当て、生地が落下しないようにより糸で生地を一緒に結びなさい。それを火の上に置き、上手にゆっくりとひっくり返しなさい。そうすれば、それはきれいに焼き上がる。

そしてそれが褐色になったら、はけを使いなさい。そしてはけを熱いバターに浸し、それでそれ〔焼き菓子〕をなでなさい。そうするとそれ〔焼き菓子〕は美しい褐色になるだろう。そしてそれ〔焼き菓子〕が焼けたら、麵棒から外し、熱がその際に保てるように、きれいな布で両方の穴を覆いなさい。それが冷めるまでそのままにしておき、食卓に冷めたものを供しなさい。そうすれば、繊細でサクサクとしてすばらしいだろう。そしてこれをシュピースクーヘンと呼ぶ。

ルンポルトのレシピの生地も、温めた牛乳と卵そして白い小麦粉をこねたパン生地である。さらにルンポルトのレシピには、ビール酵母という発酵種を明記している。生地に散らす干しブドウはシュタインドルのレシピにもあり、干しブドウは白い小麦粉とともに当時の串焼き菓子の基本的な材料だったことがわかる。ルンポルトは麵棒を板状に広げた生地の上に置いて生地を巻き付け、より糸で結び付けるという方法をとっている。これをシュタインドルの「同じ厚さに何度も巻き」と比べると、生地が延ばしやすい状態だったことが推測できる。これはルンポルトの生地のほうが、シュタインドルのものよりも発酵パン生地として洗練されていたことを意味すると思われる。照りづけには、塩入り卵黄を使ったシュタインドルに対して、ルンポルトは溶かしバターを使っている。卵黄が皮膜状の照りなのに対して、溶かしバターは褐色の焦げ色と違いはあるが、双方ともに美しくおいしそうな焼き色を求めていることがわかる。

ルンポルトのレシピで特筆すべきことは、串焼き菓子の味わいに言及していることである。「繊細でサクサクとしてすばらしい」という表現からは、ルンポルトのこの菓子への思い入れの深さが感じ取れる。またルンポルトは串焼き菓子をシュピースクーヘンつまり串焼き菓子と命名しているが、このことから当時はまだ心棒で焼く菓子の名前が定まっていなかったことがわかり、同時に名前を統一して確立させたいというルンポルトの強い意向を読み取ることができる。

第三期はパン生地の完成期

ハーンは「バウムクーヘンの系譜」で第三期を「合理的な」製法の時期と記しているが[41]、これについては疑問を感じざるをえない。シュタインドルとルンポルトのレシピの解読からわかるように、生地は贅沢な材料で発酵という手間をかけて作っている。板状に延ばして一度に巻き付けるほうが数本の紐状にして巻き付けるよりも合理的に思えるが、菓子の製作全体から捉えると、発酵生地のほうが手が込んだ製法になる。むしろ、第三期を第二期の完成期と捉えたほうがいいのではないか。十五世紀半ばの第二期に料理人の手で焼かれる祝宴の菓子になった串焼き菓子は、以降百年あまりにわたって焼き続けられ、その間にはじめは彩色されていた生地は白い小麦粉、生クリーム、バター、干しブドウなどで作る贅沢な発酵生地に変わった。十五世紀半ばの紐状の着色生地を心棒に均一に巻き付けて焼くという「見た目重視」の菓子の要点は、美しい焼き色へのこだわりとして引き継がれている。シュタインドルは「すばらしい黄色になるように」生地の周囲に塩入り卵黄を頻繁に塗ることを指示し、ルンポルトは「きれいに焼き上がる」ために焼成時には火の上に置いた生地を「上手にゆっくりとひっくり返」すと指示している。両者のレシピが語る串焼き菓子は表面はあぶり焼きの持ち味である「サクサクとした」食感であり、発酵生地であるためになかはふんわりとしているだろうし、表面はパリッとしてなかはふんわりという現代のパンの売り文句のような食感の菓子だったろうと思われる。シュタインドルのレシピの表題には、「宮廷風の食事と、この管状のものは呼ばれる」とあり、ルンポルトはこの菓子をシュピースクーヘンと命名している。ここで串焼き菓子は、料理人が作る宴会の菓子として確立されたといっていいのではないか。以上が、筆者が第三期を発酵パン生地としての串焼き菓子の完成期と考える理由である。

第三期の菓子は宴会用の晴れがましい菓子として確立されたものの、そのことは同時に、次の時期に移行する要因になる大きな矛盾を抱えていた。簡易的に焼成されるパンだったオベリアスが越境して宴会用の菓子になったという串焼き菓子の製造上肝要なところは、いうまでもなく心棒に生地を巻き付けて焼く直火焼きにある。第1節の項「パンの焼成法と料理の焼成法」で述べたように、直火焼きは発酵パン生地を焼くには不向きな焼成法である。発酵パン生地は間接的にじわじわと加熱する焼成法でふっくらと焼き上がり、その持ち味が生かされる。これに対して、シュタインドルとルンポルトのレシピでは、ふっくらと焼き上がる生地をあえて焼き串に巻き、より糸でくくりつけて焼いている。これでは発酵生地のよさである膨らみは「十分」には得られない。表面はさっくりとはしているが、ふんわりとした中身が薄く焼き上がってしまうからである。繰り返すが、発酵生地は間接的にじっくりと加熱されてこそふっくらと焼き上がる。

ただ、ここで指摘しておきたいのは、上等なパン生地をあえて棒状に焼くという「遊び」こそがこの串焼き菓子の「特別さ」を示すのではないかということである。この点については第2章第3節の項「中世の串焼き菓子について」で考察する。そして重要なのは、「宮廷風の食事」である「シュピースクーヘン」には、現在のバウムクーヘンの生命線ともいえる焼き重ねた層である「年輪」がないことである。第三期までの串焼き菓子は、紐状の生地を、あるいは板状の生地を焼き串に巻き付けて一気に焼成するため、断面に焼き色の層はない。

4　第四期——卵生地の出現

第三期までの心棒に付けて焼く菓子を「串焼き菓子」と表記してきた。これは生地を巻く棒が串と表記されていたからである。ただルンポルトのレシピの表記では「麺棒のような串」になっていて、串というよりもある程度の太さがある、麺棒のような棒が使われたことがわかる。ハーンの「バウムクーヘンの系譜」の言葉と事柄の項によれば、バウムクーヘンには七十四種もの名前や表記法があり、それらの大部分は、ルンポルトが命名したシュピースクーヘンのように「串、棒、木」という焼くための道具から取っているとされる。[42] バウムクーヘンという名前は、一六八二年にベルリン選帝侯の侍医だったヨハン・ジギスムント・エルスホルツによる『食餌療法料理書』によって「バウム・クーヘン」という表記で初めて記されたとする。[43] 以上のことを考慮すると、第三期からの菓子を串焼き菓子と呼ぶのはふさわしくないが、呼び名を変えると発達史の本筋をたどりづらくなるので、本章では串焼き菓子で通すことにする。

高位の聖職者や富豪の大膳職の長のように名をなした料理人が自身の仕事の集大成として世に送る料理書に記した串焼き菓子は、第三期で完成をみたといっていい。しかし、串焼き菓子は大きな転換点を迎える。それは生地そのものが変わるという本質的な変化だった。そしてそれをもたらしたのは権威ある職業料理人ではなく、以下に述べるように『十分に教育を受けた女性料理人』という料理書を執筆した女性料理人だった。

女性による料理書

第三期までの菓子とはまったく違う新しい串焼き菓子のレシピを初めて紹介したのは、マリア・ゾフィア・シェルハンマーの『ブランデンブルク料理書』[44] である。同書は一六九七年、一七〇四年、一三年には『十分に教育を受けた女性料理人』として出版された。そののち、内容はそのままに『ブランデンブルク料理書』に改題してベルリンで二三年と三二年に出版された。

シェルハンマーは、哲学、物理学、医学を修めた帝国評議員で大学教授だったヘルマン・コンリンクの娘である。彼女自身はニュルンベルクで地理学、文芸、神話学そして外国語の教育を受けた。一六七九年にギュンター・クリストフ・シェルハンマーと結婚し、キールに居を移す。結婚後はシュレースヴィヒ・ホルシュタイン州のフリードリヒ四世の侍医のもとで、より高度で理論的で実用的な調理法を身につけたとされる。まさに書名どおりの十分に教育を受けた女性料理人だった。

同書は一七二三年に『ブランデンブルク料理書』として出版される前に、一六九七年から『十分に教育を受けた女性料理人』という表題で三度版を重ねたことは前述した。この書名からは、当時十分に教育を受けた女性料理人が非常に珍しい存在だったこと、または十分に教育を受けたことを強調しなければ女性料理人への信頼が低かったことなどが推測できるが、同書は学識ある専門家ではなくて、主婦が著した最初のドイツ語の料理書として位置づけられている。さらに同書は三十年戦争（一六一八―四八年）後のドイツ社会構造の変化を表す書物とも捉えられている。(45) これについては、同書の一九八四年版（復刻版）「あとがき」でラインハルト・ペーシュが詳しく述べている。ペーシュが指摘しているのは次のような点である。

一六四八年のウェストファリア条約で終結した三十年戦争は、ドイツを文化的にも疲弊させた。周知のように十七世紀後半から十八世紀にかけてのドイツの上流社会はフランス文化の強い影響を受けていて、宮廷人や貴族がフランス語を公用語のように使い、ドイツ語を話せない貴族は珍しいことではなかった。プロイセン国王フリードリヒ二世でさえも正式にドイツ語を学ぶ機会がなく、四十六歳のときに「私の話すドイツ語は馭者なみだ」と語ったとされる。(46) 料理と菓子の世界でも「フランス文化の優位性」は存在した。ちなみにこの「フランス文化の優位性」という言葉は、九一年に出版された『私の料理人』で用いられたものだが、(47) 一六五一年に出版されヨーロッパ中の王侯貴族の料理に影響を与えたフランソワ・ピエール・ド・ラ・ヴァレンヌの『フランスの料理人』の影響がもとになっている。

このように時代はドイツの王侯貴族階級がこぞってフランス語を話し、フランスを手本にした料理や菓子になびいていた。シェルハンマーも一六六五年にハンブルクで出版されたドイツ語版『フランスの料理人』の影響を受けている。(48) なるほど『十分に教育を受けた女性料理人』の巻頭にはフランスを手本にしたテーブルセットの指示や祝宴料理を所収してあるが、同時にシェルハンマーは、オランダやイギリスの料理にも目を向けている。そして何よりも重要なことは、シェルハンマーが日常の簡素な食事をも取り上げていて、それらの多くが彼女の故郷であるブラウンシュヴァイク・ニーダーザクセン地方の野菜を使った郷土料理だったことである。[49] シェルハンマーは『十分に教育を受けた女性料理人』で、宮廷風の料理を取り扱うことも、純朴な農民料理や下層市民のために書くことも欲していないと述べ、「中産階級」の暮らしの「平凡な家事」のために書いたとしている。[50] つまり、これは王侯貴族の料理書は、市民層にとって手本でも手引でもないという宣言だった。この点をペーシュは「威信革命としての食文化の革新」とみて、先に述べた社会構造の変化の表れとしている。

ペーシュの見解はフランスの料理書と比較することによってより明確になる。一七四六年にフランスで出版された料理書にムノン『ブルジョワの女性料理人』がある。女性料理人というタイトルは同じだが、こちらは料理人ムノン[51]が、小間使いを兼ねた女性料理人しか雇えない中級や下級のブルジョワジーに、いわゆる特権階級のための高級料理を指南するという料理書である。同書は高級料理をより簡素化し、倹約と健康に配慮しているとされ、四六年の初版からフランス革命後の十八世紀末までに六十二版を重ねた。『味覚の歴史』でウィートンは、『ブルジョワの女性料理人』を、一種類のパイ生地で印象が違う料理を作ることやだし汁の応用の提案などが多くみられるとして、高級料理の調理法を単純化した指南書だとしている。[52] また、メネルは『食卓の歴史』のなかで「ムノンの簡素化は、宮廷モデルからの簡素化である」と記し、ブルジョワを対象にした料理書ではあるが、それは宮廷の伝統につながっていることを強調している。[53]

このようにウィートンとメネルは、『ブルジョアの女性料理人』の料理のあり方を、支配者層の高級料理を簡素化してまねる中級や下級ブルジョワジーのための料理と位置づけ、支配者層とその文化的周縁者層の主従関係として捉えている。しかしながら『十分に教育を受けた女性料理人』のほうは、フランス風になびくドイツの支配者層の料理を手本とするのではなく、郷土料理を含む市民自らの生活に即した食を提唱しているのである。前述したように、一九八四年『ブランデンブルク料理書』（復刻版）「あとがき」でペーシュが、同書は北ドイツ諸都市で「裕福な市民階級の文化的な自己表示に寄与している」[54]と記したのはこのことにほかならない。

このように中産階級に向けた食生活の提唱でもあった『十分に教育を受けた女性料理人』は、一七二三年に『ブランデンブルク料理書』と改題され従来の権威ある料理人たちが記した料理書と肩を並べることになる。そして同書には第三期までのものとは違う、まったく新しい心棒で焼く菓子が所収された。むろんこの菓子はシェルハンマーが創作したものとは考えにくい。それはシェルハンマーが見聞きしたもので、実際に自身でも作り、何よりもシェルハンマーが中産階級に作ってほしいという見地から選んだ菓子だろう。同書には心棒で焼く菓子のレシピを四点所収していた。それらには第二期の紐状の生地、第三期の板状の生地も含まれている。シェルハンマーの時代の串焼き菓子は新旧が混在していたのである。では、第四期の新しい卵生地とはどのような生地なのか。『ブランデンブルク料理書』のレシピをみていく。

一七二三年(一六九七年)のシェルハンマー『ブランデンブルク料理書』のレシピ

百九十五番　シュタンゲンクーヘン〔棒状の焼き菓子〕を焼くために

およそ一ポットの生クリーム、八個の卵、白い小麦粉、バターを使いなさい。それらを溶かし、メース、少量の塩を加えなさい。〔以下は判読が難しいが、おそらく、「そしてそれらが互いに重なり合うようにしなさい」だろう〕かけられるような液体状の生地を作りなさい。あなたが生地をかけたいときに〔かける前に〕、棒が熱くなるように〔おそらく火の上で〕回しなさい。棒が十分に熱くなるように、棒にベーコンの皮またはバターを塗りなさい。あなたが一度に注ぎかけることができるように、小さな深鍋のなかに生地を入れなさい。棒の上で、上下に生地をかけなさい。それを手早く回し、強火を維持するように。〔流れ落ちた〕生地を受けるために、フライパンを下に置きなさい。

追記

ただし、〔心棒から流れ落ちた〕生地をフライパンから再び〔生地を入れておいた〕深鍋に戻して、それを何度も、きれいな突起ができるまで注ぎかけなければなりません。

生地にしっかりと注ぎかけたならば、ゆっくりと回すこと。さもないと生地は、はじけて離れます。バターもまた熱くして、生地に注ぎかけること。生地をきちんと褐色にさせなさい。生地を焼き終えたならば、両端を少し切り落とすこと。そのあとに細い鳥棒〔原文ではVogelspießleinとなっていて、そのまま鳥棒と訳した。Leinは縮小語尾で小さな愛らしいものという意味が加わるので、細いという形容詞をつけた〕を取り、生地に空気を通すように、それをゆっくりとなかに差し込みなさい〔焼成に使う焼き串の空洞に、細い鳥棒を差し込むことと思われる〕。生地を誰かに持たせ、そっと〔細い鳥棒である〕棒を突き刺しなさい。そうすれば生地はなかが開いて〔生地が焼き串からはずれ〕、美しい管状のまま残る。それにボウルのなかで砂糖を振りかけなさい。

このレシピの生地は第三期のものとは違い、もはや発酵生地ではない。卵と生クリームの量だけを明示していて、小麦粉とバターについては分量の表記はない。しかしながら「注ぎかける」という表現からは、生地が現在のクレープのような液体状生地であることがわかる。また、きれいな突起ができるように串を回すことを指示していて、生地が剥落するという失敗例を挙げている。さらに焼成後の焼き串の外し方についての記述があり、この焼成法は解説が必要な特別なものだったことが見て取れる。

ハーンの「バウムクーヘンの系譜」では、第四期の心棒にかけて焼く菓子は、ザルツブルク司教の主膳であるコンラート・ハッガーの『ザルツブルク料理書』にレシピが五種類あると記されていた[55]。そこでハッガーの料理書の復刻版[56]にあたってみたが、これらのレシピを見つけることはできなかった。あらためて「バウムクーヘンの系譜」を注意深く読んでいくと、ハッガーのレシピには異なる生地が五種類あるとするものの、レシピの特徴は、スパイスが使われていること、ヘーゼルナッツの粉が入れられることだけである。むしろ強調されているのは、ギザギザの焼き上がりを作るためにアーモンドの細切りかレモンの皮の細切りを差し込むこと、焼き上がりに砂糖の糖衣を丁寧に塗ること、食卓に置くときには丸ごと立てて置き、開口部に花束を置くこと、さらにはその周りに小さなクッキーを載せたプレートを置くこと、といった具合で、仕上げや食卓上での飾り方に関することである(57)。

ザルツブルクは三十年戦争の戦禍を免れた都市だったから、宮廷や高位の聖職者に伝わる食文化は継承されていたと思われる。とすれば、ハッガーはシュタインドルやルンポルトの系譜を継ぐ料理人だと位置づけていいだろう。焼き上がりの突起を作る方法や食卓上での装飾に注意を払うということは、心棒で焼く菓子が高位の聖職者階級の間では祝祭のための特別な菓子だったことを示していると思われる。しかし何よりも重要なことは、シュタインドルやルンポルトに連なる権威ある料理人であるハッガーの料理書であっても、心棒で焼く菓子の生地が発酵パン生地ではなく、シェルハンマーが提案した液体状の生地へと変化していることである。つまりハッガーが料理書を記した一七一九年には、心棒で焼く菓子は発酵パン生地ではなく、かけながら焼き重ねる液体状の生地へと移行していたことがわかる。

「年輪」の誕生

ハーンの発達史区分第四期でいちばん重要なことは、心棒で焼く菓子の生地そのものがまったく異なるものに変化していることである。すなわち第三期には軟らかい粘土状だった発酵パン生地が、第四期ではクレープのような液体生地になっている。これは焼成法は同じながら、まったく別の焼き菓子になったといえるほどの変化だ。流れ落ちる生地を何度もかけながら焼くことによって串焼き菓子には焼き層ができる。ここで、心棒で焼く菓子は「年輪」をもったことになる。

しかし、これに関しては以下の疑問がわいてくる。心棒で焼く焼成法をとるならば、紐状に延ばすか、板状の生地にして心棒に巻き付けるという発酵パン生地のほうが向いていることは自明の理だろう。液体生地を心棒にかけて焼くのはどう考えても不都合である。流れ落ちた生地を下で受け止め、それを何度もかけながら焼く作業はいかにも手間がかかる。このやりづらい焼成法をあえてとるという「非合理性」は、第1章第2節の項「一四五〇年のレシピ」で明らかにした、パンから宴会のための菓子へという移行とともにこの菓子の性質に深く関わってくる。心棒に液体状の生地をかけ、火加減を見て心棒を回しながら焼くという集中力と手間と時間がかかる作業へのこだわりは、製菓技術の熟練の先にある名人芸への憧憬や菓子職人の誇りへとつながる。これがのちにバウムクーヘンを菓子の王とする要因の一つになることは第2章「バウムクーヘンの完成」で論じる。

一方、レシピからみた第四期の生地の変化は、古代ギリシャへの先祖返りとみることもできるだろう。第1節の項「オベリアスの特殊性」で述べたように、パン焼き窯がまだ完成しておらず多様な焼成法が試みられていた古代ギリシャ時代の無発酵の平焼きパンは、薄く延ばして焼いていた。その後、古代ローマ時代になってパン焼き窯が作られると、ヨーロッパでは無発酵パン生地は廃れる。しかし無発酵の平焼きパンは卵や牛乳入りの特別の菓子に姿を変えて、祭りや儀式などのハレの日に焼かれ続けるのである。[58] これらは平焼きの意味をもつフラーデンと呼ばれ、フランスではフワスと呼ばれてフランソワ・ラブレーの『ガルガンチュア物語』[59]に登場する。この生地を二枚の合わせの鉄製の焼き型で焼けば、第2節の項「パン職人の仕事と焼き菓子の起源」で述べた製パンから派生した菓子ウブリになる。第四期で串焼き菓子は焼き層をもつ菓子になるが、この新しい生地はまた古代ギリシャへの先祖返りでもあると捉えることもできるのである。

5　完成一歩手前の第五期

ハーンの「バウムクーヘンの系譜」によれば、完成期とされる第五期のレシピは一七六九年のマルクス・ローフトの『ニーダーザクセン料理書』[60]で初めて公にされたという。ローフトについては、クラウスの『美しい焼き菓子年代記』では、シュレースヴィヒ・ホルシュタイン地方の都市イツェホーの最初の都市料理人という説明がある。『ニーダーザクセン料理書』の一七五八年版と一七八五年版を調べたところ、バウムクーヘンという名で以下のレシピが見つかった。(61) 六百三十三番と六百三十四番は五八年度版、四百四十三番は八五年度版である。以下、同書のレシピの和訳である。

一七五八年と八五年のローフト『ニーダーザクセン料理書』のレシピ

六百三十三番

バウムクーヘン

約一カンネ〔現在の約一、二リットル〕か二ポンドよりも少し多めのニュルンベルク産の小麦粉ないしそのほかの極上の小麦粉、一ポンドの精製してふるいにかけた細かいカナリア諸島産の砂糖を一緒に容器に入れ、一ポンドの澄ましバターを加えて、堅い棒でよく混ぜる。そのあと四ないし六個ずつ、最高で十八個まで卵を入れ、その間常によくかき混ぜる。最後にシナモンあるいはそのほかの好みのスパイスと、約一クオーター〔約〇・九五リットル〕の甘い生クリームを入れる。全体をよくかき混ぜ、完全に均一で流れる生地を作る。それから太くて丸い、大きめの、のし棒状の木、およそ一本の大きな回転木としての木を用意し、そこにトルテ生地を約二クォーター〔約五十センチ〕の長さに焼いていく。

そのような棒の大きさは、好みに応じて作らせなさい。しかし棒の真ん中には穴が通っていなければならない。そこに焼き串を通すこの棒はバウムテューバーと呼ぶが、その焼き串を刺し、両端をいくつかの留め具で固定し、この棒つまりバウムテューバーに細い紐をぎっしり巻いて、グリルできるように火にかける。まず最初に少量のバターを塗って少し泡立つまで焼く。そのあと生地を、棒の表面を覆うように注ぎ、黄褐色になるまで焼く。そのあと再び生地を注ぎ、生地がなくなるまでこの作業を続ける。生地に完全に火が通り、黄色く美しく焼けたら、両端の留め具をはずして串から抜く。心棒につけたまま半分に切ると早くクーヘンをはずすことができる。細い紐を抜き取り、食卓で粉砂糖を振りかける。

ローフトのレシピで特筆すべき点は、砂糖の分量が明記されていることである。砂糖は主要材料になっている。この六百三十三番のレシピの配合は、レシピ中にもあるように「均一で流れる生地」である。さらにローフトが細かく明記しているのは心棒の構造である。これは、心棒に生地をかけながら焼くという焼成方法自体の解説が必要になったことを意味する。十八世紀後半に串焼き菓子の焼成は専用の焼成場でおこなわれるようになったのではないかと推測できる。続いて次の二つのレシピを挙げる。

六百三十四番
もう一方の製造方法によるバウムクーヘン

卵黄二十個を泡立てて一つの深鍋のなかに入れ、これにすりおろした砂糖二分の一ポンド、四分の一ポンドの甘い生クリーム、二個のすりおろしたナツメグ、砕いたメース、すりおろしたレモンの皮、シナモン、あるいはオレンジ果汁、もしくは一と二分の一ポンドの澄ましバターを加え、すべてを一つの深いボウルのなかで混ぜなさい。それから、おおよそ一ポットまたは二ポンドの上等で細かい小麦粉をゆっくりと加えて混ぜること。それから、十二個の卵からとった卵白をしっかりと泡立てること。そして、先に示したように、バウムテューバーが火の上で泡立ったならば、卵白を生地に混ぜること。そして続いて、先のように注ぎ、引き続き、それ〔生地〕を用いて、そのようにすること〔焼くこと〕。

なおもう一つの製造方法
生クリームに、一・五ポンドのバターをすりつぶすように混ぜなさい。それから二個の卵黄を順次その〔生地〕に入れて泡立て、それから細かい砂糖一ポンドと四分の一ポンドの甘くした生クリーム、すりおろしたレモンの皮、細かく突き崩したシナモン、シナモンあるいはオレンジ果汁、メースと細かく突き崩したナツメグ、一ポットまたは二ポンドの Hallisch あるいは、それとは別に細かい小麦粉を加え、これらすべてを一つの深鍋のなかで均一で流れる生地になるようにすること。そして、バウムテューバーが火の上で泡立ったら、卵白十六個分を固い泡になるよう打つように泡立て、生地にそれを加え、そして、少しずつ注ぎます。バウムクーヘンをギザギザをもつようにしたいならば、三回目の注ぎのときにいくらか早く回転させ、さらにすべての生地でそのようにすること。

Hallisch はハレ産の小麦粉と推測できるが、明らかではない。このレシピには、卵白を泡立ててメレンゲを作って生地に混ぜることを指示している。卵白を泡立てたものは細かな気泡を含むので、生地が軟らかくふんわりと焼き上がる。泡立てた卵白は時間をおくと泡が壊れていくため、心棒を温め、すぐに生地をかけ始める準備を整えて卵白を混ぜるように指示していることから、メレンゲの泡を重要視していることがわかる。さらに一七八五年度版のレシピをみていく。

四百四十三番
管状のバウムクーヘン

バウムクーヘンをレシピ六百三十三番と六百三十四番のやり方で調理する場合、クーヘンを心棒がついたまま切ってはいけない。結び紐の片方の端を引き上げ、それを心棒とクーヘンの間に巻いて抜き取り、クーヘン全体を心棒から引き抜きなさい。引き続き、クーヘンの両端をやや平らにそろえ、ボウルに入れなさい。さらに赤色の糖衣かレシピ五百二十四番にある青色で、クーヘンの上にリボンをかけるようにつや出しして描きなさい。両端は管の両端が紐でくくられるように描き、ところどころに小さな「まだら紋」を散らしなさい。それから微熱でそれらを乾燥させ、粉砂糖をかけなさい。しかしバウムクーヘンをボウルのなかで立てておく場合、仕上げの際にバウムテューバーを使用しなくてはならない。それは一方の端がもう一方の端よりもずっと太くなければならない。さらに、バウムクーヘンは、ボウルのなかに置いて、太いほうに据え付ける。

これは焼き上げた菓子を心棒から外す方法の解説である。焼き上げたものの、心棒を外すときに割れたり壊れたりすることが多かったのではないかと推測できる。表題の Muff を管状と訳したが、あえて形状が表題になるところに、この菓子を破損させずに焼き上げることが重視されていると推測される。

ローフトの六百三十三番、六百三十四番のレシピの特徴は砂糖が主要材料になったことである。さらに六百三十四番では卵白を泡立てて使うようになっている。しかし、この二つのレシピではともに澄ましバター、つまり溶かして上澄みだけをとった液体状のバターと生クリームを使っている。このため六百三十四番では、泡立てた卵白、つまりメレンゲを使っているが、その気泡は生かされていない。液体状のバターと生クリームは脂肪を含むから、メレンゲの気泡はつぶされてしまうのである。これはバウムクーヘンの完成の条件なので次項で述べる。

六百三十三番では、心棒の構造と焼成後の生地の外し方を記している。なかに串を通した焼き棒は「バウムテューバー」と名づけていることから、専用の焼成器具が確立されていたことがわかる。心棒から生地を外す場合の指示だが、六百三十三番では「それ〔生地〕を心棒につけたまま」になっていて、四百四十三番では「心棒がついたまま切ってはいけない」となっている。外し方が異なるようだが、これは以下の事情があると思われる。六百三十三番では生地を付ける前に心棒には細い紐がぎっしりと巻き付けてあるため、焼き上がった生地を心棒につけたままでも紐の切れ端を引けば生地は心棒から外れる。一方、四百四十三番では事前に心棒に紐を巻くという指示がない。おそらく紐を巻くことは作り手も認識しているという前提に立っていると思われるが、紐が「ぎっしりと」巻き付けられていないと生地は心棒のまま半分に切らなければ外しにくくなる。

さらに四百四十三番は焼き上がったあとの装飾を示している。赤色か青色に着色した砂糖衣での「まだら紋」は想像しがたいが、砂糖衣での仕上げは現在でも引き継がれている。また四百四十三番では、片方が太く、もう片方はそれよりも細いバウムテューバーを用意するように指示している。バウムテューバーは生地を立てて置くために使われる。

完成の条件とは

「バウムクーヘンの系譜」では、第四期から第五期、つまり完成期への移行の時期については明らかにしていない。また、何をもってバウムクーヘンの完成とするかについても明言していない。しかし、第五期の完成期についてはクラウスが『美しい焼き菓子年代記』でその特徴を以下のように述べている。

泡状に混ぜられた卵、砂糖、バターの塊は、新しいバウムクーヘンの土台を形成した。一方これはとても重要なことだが、生クリームの分量は減らされた。それは焼き菓子が望まれる軟らかさを獲得するためだった。(62)

クラウスの記述を具体的な製造工程として整理すると次の四項目になる。すなわち、①卵を泡立てること、②十分な砂糖の量が必要なこと、③バターは塊のまま使用すること、④生クリームの分量を減らすことである。この四点については以下の製法上の意味がある。①と②は、攪拌して泡立てた卵は、卵の気泡を安定させるために十分な量の砂糖が必要であることを意味する。少量の砂糖だけで泡立てた卵は安定していないために水溶化しやすく、卵の水分が小麦粉を糊化させてしまうために生地は膨らまない。ふっくらとした生地を焼き上げるためには、卵と同量程度の砂糖が必要とされる。十分な砂糖を加えて泡立てた場合は、砂糖が卵の水分を奪うために粘性が生まれ、泡が丈夫になっていい乳化状態であるエマルジョンを形成する。この状態で小麦粉は均一に分散し、ふっくらとした生地が焼けるのである。(63)③のバターは塊のまま軟らかくクリーム状にして使用することも重要なポイントである。バターは一度溶けてしまうと、クリーミング性、つまり細かな気泡を取り込む性質が損なわれるからである。[64] ④の生クリームの分量はバウムクーヘンが現在の形状になる最終段階への移行の決め手になるもので、第2章第2節「バウムクーヘンの完成」で詳しく述べる。

前述の理由から、卵を泡立てない第四期のシェルハンマーの生地は硬く締まった焼き上がりになる。ちなみに、卵や牛乳で溶いただけのホットケーキがふんわりと焼き上がるのは、ベーキングパウダーという膨張剤を使っているためである。ベーキングパウダーについては第2章第2節の項「バウムクーヘン完成への突破口」で取り上げる。

さらに、前述の観点からハーンの「バウムクーヘンの系譜」で第五期とされるローフトの六百三十四番のレシピをみると、まだ完成には届いていないことがわかる。卵黄二十個・約四百グラムに対して砂糖の二分の一ポンド・約二百二十五グラムでは、いいエマルジョンが形成できない。卵白は泡立てているが砂糖を加えていないために泡が安定せず、生地は軟らかく焼き上がらない。また前述したようにクラウスは、生クリームの量を減らすか不使用にするかしないと「望まれる軟らかさを獲得」しないとしているが、ローフトのレシピの六百三十三番では、〇・九五リットル、六百三十四番でも四分の一カップつまり約百二十グラムの生クリームが加えられるため、卵白を泡立てたとしても生クリームがその泡をつぶすことになり、やはり硬く締まった焼き上がりになる。つまり、ローフトの『ニーダーザクセン料理書』のレシピは、砂糖の増加、泡立てという二点では第四期とは一線を画すが、クラウスが示した完成期に至る手前の改良期だといえる。

以上のことから、ハーンが「バウムクーヘンの系譜」で完成期としている第五期のローフトのレシピは、クラウスが述べている現在のバウムクーヘンを基準とした「完成」と比べれば、①の卵の泡立て、②の砂糖の量増加への意識はあるものの、③のバターを溶かさずに使うという重要性と④の生クリームの使用という点で「完成」には至っていないことが確認できた。

泡立て作業の困難さ

現在では卵白と全卵の攪拌には、針金をバルーン状などに曲げたものをつけた、手動または電動の泡立て器を用いる。泡立ては一九六〇年代ごろまでは主に手でおこなっていたが、現在では機械のミキサーを使う。これに対して十六世紀には、泡立てには植物の葦の束や柳の枝を束ねたものを使っていた。束の上部を両手で包み、こすり合わせるようにして攪拌したという。[65] 第1章第4節の項「女性による料理書」で言及した一六五一年に出版された『フランスの料理人』のあと、五三年にジャン・ガイヤール『フランスの菓子職人』が出版され、菓子でもフランスの優位性が認められるようになっていたが、『フランスの菓子職人』には卵を泡立てて作る菓子がある。[66]

一方ドイツの焼き菓子、つまりKuchenについてみれば、焼き菓子としての専門分野化は進まず、パン屋で菓子も焼いて売るという業態が十八世紀まで続く。そのため十八世紀のドイツ菓子は、パン生地である発酵生地を土台にした焼き菓子が主体であり、泡立てを伴うスポンジケーキはあまり発達しなかった。つまり、こねて発酵させる生地作りと、卵を泡立てる生地作りとでは仕事の質が違うのである。クラウスは『美しい焼き菓子年代記』で、卵、砂糖、バターを攪拌してエマルジョン化させた生地を作る技術はドイツでは十七世紀末に導入され始めて一七〇〇年代に普及したとする。当時ドイツでは、ナイフや裂いた木で卵白をかき混ぜていたという。[67]

泡立てるという作業は骨が折れる作業である。イギリスの例だが、一七四二年のスミス夫人『完全なハウスワイフ』にある「尼僧のケーキ」のレシピには、材料を二時間かき混ぜ続けよ、[68] という指示がある。二時間も手で泡立て続けることはとうてい一人でできる作業ではなく、複数の人員が必要になる。つまり、卵の泡立て作業には特別に人手を確保しなければならなかっただろう。泡立てを必要とする焼き菓子が少ないドイツでは、泡立て作業は知られているものの、実際におこなう人は少ないという状況だったと推測される。この特殊性が秘伝の類いを生み、ハーンの「バウムクーヘンの系譜」にあるように、泡立て方は秘密にされて恋人だけに信用してささやくような広まり方をしたと推測できる。(69) 泡立てが通常のパン職人の仕事の技術であるならば秘伝になることはない。職人の世界では仕事は親方から学ぶものだからである。

つまり、十八世紀でも串焼き菓子の製作は依然として料理人の仕事であり、その完成は料理人によってなされた。ただ一つ異なることは、第三期のレシピを記したシュタインドルやルンポルトは高位の聖職者や貴族に仕える料理人だったが、ローフトは都市料理人だったということである。ローフトが焼成方法の解説に多くを割いていることから、串焼き菓子の焼成が市民のために料理を提供する料理人にも求められる技術になっていたことがわかる。

まとめと問題点

以上、ハーンの「バウムクーヘンの系譜」発達史五期区分の精査から、次のことが明らかになった。

まず第一期、バウムクーヘンの起源とされるオベリアスは、古代ギリシャの神ディオニュソスにちなむとされるパンである。しかし「バウムクーヘンの系譜」で取り上げている巨大なオベリアスを、そこに記述してある分量の小麦粉で縄状の生地を作って食用のパンに焼き上げることは、製パン作業の観点からみてほとんど不可能と思われる。このことから、ディオニュシュア祭で焼くオベリアスはあくまで「供物」としてのもので、実際に食べるためのパンとは別のものだったと推測できる。実際に食べていたオベリアスは、パンの焼成法が試行錯誤されていた古代ギリシャ時代に焼かれていたパンの一つだった。生地を串に巻き、直火であぶり焼きするパンだったオベリアスについては、二世紀ごろのローマ時代の食についての書『食卓の賢人たち』にその実態が描かれている。ふっくらとした食感を求めて熱した空間で間接的に焼き上げることを追求してきたパンの焼成で、直火で焼くオベリアスは味覚の点で劣る、いわば異端のパンだった。

ところが、「バウムクーヘンの系譜」の第二期では、一四五〇年ごろの古文書にある「一本の串で菓子を食べることについて」と表題がついたレシピによって代表される串焼き菓子になって登場する。レシピには、この焼き菓子が中世の宴会料理の特徴である彩色がなされ、見かけよく焼き上げることが強調されている。またハーンの論文に収載された『エプラリオ』という料理書（一五二六年）の木版画は、直火の前で串を回しながら焼き上げている図で、串焼き菓子は料理人が調理場で焼いている。このことから、串焼き菓子はクーヘンとは呼ばれているものの、宴会のための料理の一環として作っていたことがわかる。ヨーロッパでは料理人とパン職人、菓子職人の仕事には厳然たる境界がある。これは火の扱い方が異なるため、仕事場がまったく別なところにあったという歴史的な背景による。十五世紀の串焼き菓子は菓子（Kuchen）と呼ばれているが、菓子職人やパン職人ではなく料理人が作る宴会料理の一つだった。

「バウムクーヘンの系譜」では、第三期は「合理的な製法に進んだ」時期とされる。その理由は、生地を第二期のように紐状にするのではなく、一枚の板状に延ばして串に巻き、より糸で巻き付けるという扱いの変化によるからだとする。だがレシピを解読すると、生地は発酵生地だった。発酵生地は紐状にするよりも板状にしたほうがふんわりと焼き上がり、この製法が味覚状の向上のための工夫であることがわかる。また第三期の串焼き菓子は、当時の高名な料理人たちが自身の仕事の集大成として出版した料理書に所収している。とりわけルンポルトは、この菓子に「シュピースクーヘンと呼ぶ」と命名までしている。筆者は、第三期を「合理的な製法に進んだ」時期ではなく、発酵生地で作る串焼き菓子の完成期とみる。その理由は第二期には彩色された紐状の生地だったものが、第三期では上質の白い小麦粉、卵、生クリーム、バターそれに干しブドウといった贅沢な材料を使い、発酵という手間がかかる作業を経て作るという錬磨の方向へ進んでいるからである。第三期を完成期とみるもう一つの理由は、続く第四期に串焼き菓子が大きな転換を遂げ、まったく別種の菓子になっているからである。串に生地を付けて焼くという焼成法は同じながら、生地がふんわりとした発酵生地から流動性がある液体生地に変わる。以上の理由から、発酵パン生地の串焼き菓子は第三期に完成していると考える。

第四期で液体生地になった串焼き菓子は、串から流れ落ちる生地を何度もかけながら焼く菓子になる。ここで串焼き菓子は焼き層をもつことになる。このレシピは一六九二年のシェルハンマー『十分に教育を受けた女性料理人』で公にされる。同書はのちに『ブランデンブルク料理書』と改題されるが、このなかでシェルハンマーは、王侯貴族などの支配者階級がこぞってフランス風の料理に感化されていた時代にあって、ドイツ北部に根づいた郷土料理にも目を向けている。シェルハンマーは、この書を中産階級に向けて書いたと記し、そのため、ペーシュが指摘するように、同書は当時のドイツの新しい市民階級の出現を示すものと位置づけられている。焼き層をもった第四期の串焼き菓子は、ドイツに出現した新しい市民階級の家庭で焼かれるべき菓子になったのである。

第四期で家庭の菓子になった串焼き菓子は、第五期には都市料理人の手によって完成に近づく。完成の決め手は攪拌によるエマルジョン化だが、「バウムクーヘンの系譜」で完成期とするマルクス・ローフト『ニーダーザクセン料理書』にあるレシピからは、泡立てによるエマルジョン化への意識はまだ薄いことがわかる。ローフトが注力したのは、専用の焼き串と焼成設備の解説である。このことから、串焼き菓子は生地のエマルジョン化という完成への道筋はついたものの、ハーンによる第五期はまだ完成の一歩手前にあることがわかる。さらに専用焼き串や焼成設備についての解説があることから、当時の串焼き菓子が都市の料理人に求められるレパートリーだったことが読み取れる。

以上の考察からは、串焼き菓子の変遷には生地、焼成場、焼き手という要素が複雑に絡み合っていることがわかった。そこでハーンによる発達史の五期区分をそれぞれの要素別に整理すると次のようになる。

①生地の変遷による三区分
第一―三期：パン生地、第三期は発酵生地
第四期：卵や生クリーム入りの液体生地
第五期：泡立てた生地

②焼成場の変遷による四区分
第一期：簡易のパン焼き場での直火焼き
第二―三期：調理場での直火焼き
第四期：家庭の暖炉での直火焼き
第五期：専用にしつらえた焼き場での直火焼き

③焼き手の変遷による四区分
第一期：古代ローマのパン職人
第二―三期：支配階級に雇われた料理人
第四期：中産階級の家庭の主婦
第五期：都市の職業料理人

この区分からは、発酵生地の串焼き菓子は第三期で完成期を迎えたあとに姿を消していることがわかる。さらに重要なことは、串焼き菓子が二度大きく生まれ変わっていることである。この転換は、簡易的なパンから宴会料理のための菓子になった第一期と第二―三期の間、そして発酵生地から卵と生クリーム入りの液体状の生地に変化した第四期に起きている。これらの変換はどのような意味をもつのか。ハーンによる発達区分の精査から浮かび上がった二つの問題を念頭に置きながら、第2章ではバウムクーヘンの完成とその確立について考察していく。

写真2-1　果物の果汁を砂糖と共に煮詰めたゼリーや果物の砂糖づけ
（出典：「Gâteaux The Federation of Japan Confectionery Association」2007年6月号、日本洋菓子協会連合会、10、12ページ）

時砂糖が薬として扱われていたこともあり、薬種業が母体になっている。[5]十三世紀の薬種業では、砂糖を溶かして表面を覆う糖衣技術が薬の整合に使われていた。これがショウガやオレンジの皮などを砂糖で煮て砂糖衣でくるんだ砂糖菓子、すなわちコンフェクト[6]（写真2―1）の製造へとつながる。

　コンフェクトは貴族の家や修道院でも作っていて婚礼などの祝祭で配る菓子だったが、その販売は十六世紀末まで薬剤師の権利だった。これが砂糖菓子の母体になる。コンフェクトと並んでドイツの砂糖菓子のなかで重要なものには、マルツィパンというアーモンドをすりつぶして砂糖と混ぜた粘土状の菓子がある。[7]マルツィパンは彩色されて、花や人形などさまざまな形に細工してそのまま食べる菓子だが、同時に菓子の材料としても使う。写真2―2はマルツィパン細工を使った現代のデコレーションケーキである。

　特別な甘いパンとレープクーヘンという小麦粉主体の加工品を作る者と、珍しい果物やスパイスや木の実を砂糖で加工する者は統合されて、パン職人とは別に、ツッカーベッカーつまり砂糖パン焼き人と呼ばれるようになる。これは十七世紀のこととされ、ツッカーベッカーという名称は十九世紀まで長く使われていた。

　また、十七世紀から十八世紀にかけての宮廷では宴会の装飾

写真2-2　細工したマルツィパンで飾られたケーキ。2019年ジャパン・ケーキショー東京で連合会会長賞を受賞した作品
（出典：「特集 2019ジャパンケーキショー東京」「GÂTEAUX」2019年12月号、日本洋菓子協会連合会、12ページ）

に砂糖で作る工芸菓子を使った。これは砂糖細工の展示品と呼ばれ、トラガントというアラビアゴムとゼリー由来の粘着液で砂糖を練って、その宴会の目的にふさわしい題材を選んで、本物そっくりの木々や宮殿、さらには動物などを作った[8]。これはフランスの王侯貴族の宴会でおこなわれたアントルメと呼ばれる余興から派生した習慣だった。アントルメについてはバウムクーヘンの発達史第一期から第二期への移行と大きく関わるものなので、本章第3節の項「中世の串焼き菓子について」で記述する。この砂糖細工の展示品は、食べるためのものというよりは、集まった客を大きさとその精緻な出来栄えで圧倒し、その家の権力の証しとする意味があった。当時は美術史ではバロック期にあたり、豪華さときらびやかさ、あるいは大げさな表現や大がかりな祝宴の装飾が好まれた。フランスでは、アントルメは砂糖工芸菓子ピエス・モンテに変化していく。図2—3と図2—4は本章第2節の項「二十世紀初頭のモダン・デザインの影響」で取り上げる十九世紀初頭の砂糖工芸菓子の図版である。このような華美な砂糖細工は財政を圧迫するようになって廃れていくが[9]、ドイツでは大がかりな砂糖細工の展示品を作る職人はツッカーベッカーと区別してコンディトアと呼

図2-3、2-4　本章第2節の項「二十世紀初頭のモダン・デザインの影響」で言及する19世紀初頭に活躍するフランスの菓子職人兼料理人アントナン・カレームのピエス・モンテの図。すべて砂糖細工で作った
（出典：千葉好男『お菓子とフランス料理の革命児――ぼくが伝えたいアントナン・カーレムの心』鳳書院、2013年、巻頭図）

ばれた。そして、この砂糖工芸菓子を作る技量をもつ職人の呼び名であるコンディトアが次第に菓子職人全体を意味するようになるのである。この名称は、味付けをする、煮る、という意味をもつConditorrenという中世ラテン語に由来するとされる[10]。

ドイツでは一七四七年にアンドレアス・ジギスムント・マルクグラーフが砂糖大根、つまり甜菜から砂糖を製造する方法を発見し、一八〇二年にドイツで初めて甜菜を使った砂糖製造工場が作られた。ナポレオンによる大陸封鎖令によって砂糖の輸入が途絶えたため、甜菜糖の需要は高まり、一三年までにドイツ国内では百五十から二百もの砂糖工場が設立された。その後、甜菜糖産業は西インド産の甘蔗糖つまりサトウキビが盛り返して一時は衰退したものの三〇年代には再び見直され、七〇年には工場数は三百を超えて価格も大幅に安くなり、ドイツは六〇年代末以降は砂糖の輸入国から輸出国へと転換する[11]。これが菓子製造業を拡大させる。

十九世紀のドイツは工業化と急速な経済発展が進行し、社会構造の変化が起きた時期である。それまでの農民、都市市民、手工業者という階層で安定していた社会構造は、都市化が進むことによって工場労働者が増大して変化をみせる。賃金労働者になった人々は新しい生活様式を作り上げていくが、これも製菓業にとっては追い風になった。すなわち、都市に住む比較的裕福な人々は日常生活で菓子を食べることが生活習慣として定着していくのである。[12]

折しも十九世紀はスペインやイタリア、フランスから導入されたチョコレートが普及し始めた時期であり、贅沢なチョコレートは飲み物としてだけではなく製菓の材料としても使われるようになり、製菓業でもチョコレートを専門に扱うところが出てくるほどの人気を呼ぶ。『菓子職人のための教本』では、十九世紀末の社会構造変化期には、チョコレートが製菓業の発展に大きく寄与したことを強調している。

こうした背景から、菓子店を個人店から企業へと拡大させる製菓業者も現れる。彼らは滞在時間を気にせずにくつろぐことができるウィーンのカフェを手本として、飲食業の営業権を取得する。喫茶もできるこうした菓子店は劇場の近くに開業された。そこでは菓子店兼業のカフェが文化を育むという雰囲気が醸成され、カフェは教養と贅沢の息吹で取り囲まれた空間として市民の憩いの場になった。[13]

『菓子職人のための教本』には十九世紀以降の製菓史について、ゆっくりとバロックやロココの重苦しい様式に別れを告げ、「美しい形態と洗練された繊細な味覚構成」を目指すようになるという解説だけで終えている。[14] しかし筆者は、ドイツ菓子はここから始まると考える。なぜなら、第一次世界大戦後ヴァイマル共和国時代にドイツで起こったバウハウスに端を発するモダン・デザインの考え方が菓子業界にも影響を及ぼし、それまでフランス菓子の後塵を拝していた感があったドイツ菓子は、この時期に独自の様式を確立するからである。これについては本章第2節の項「二十世紀初頭のモダン・デザインの影響」で詳しく述べる。

コットブスとザルツヴェーデルでの十九世紀のバウムクーヘン

ハーンの「バウムクーヘンの系譜」には、十八世紀末のバウムクーヘンの作り手について、「優秀な料理人すべてがこれらの特産品を作ることができたが、当時すでに、とりわけ才能がある専門家たちがこれに専念していた」とある。また、一七七四年にベルリンで出版された『手工業と工芸』全十二巻には、「バウムクーヘン作りは都市の菓子職人としての仕事にふさわしい」[15]とも記されている。しかし第1章第5節の項「泡立て作業の困難さ」でも述べたように、十八世紀末から十九世紀にかけてのバウムクーヘンの製造は主に料理人によってなされていたと考えられる。さらに前項の「ドイツの製菓業小史」で述べたように十八世紀後半は砂糖工芸菓子の製造技術を身につけたコンディトアと名乗る菓子職人が増えていく時期でもあり、当時の菓子職人はコンディトアと砂糖パン焼き職人のツッカーベッカーが混在していた時代だった。第1章第5節の項「一七五八年と八五年のローフト『ニーダーザクセン料理書』のレシピ」で取り上げたレシピが示すように、バウムクーヘンは専用の焼成設備と心棒がなければ製造できない菓子であり、加えて第5節の項「泡立て作業の困難さ」で述べたようにドイツの製菓業界では攪拌技術の導入が遅れていたこともあり、バウムクーヘンは菓子職人が手を出しにくい菓子だった。

このように十八世紀のバウムクーヘンは焼成設備をもつ料理人と限られた菓子職人だけが製造していた菓子だったが、十九世紀に入るとコットブスとザルツヴェーデルでバウムクーヘンが作り始められる。以下、これら二つの町でのバウムクーヘン発祥にまつわる話をみていく。

コットブスはポーランド国境に近いブランデンブルク州の都市である。コットブスとバウムクーヘンの関係についてハーンの「バウムクーヘンの系譜」では次のように紹介している。

W・クルーゲ、旧姓グロッホ（マリア・グロッホ）が、一八一九年以来、遊歩道で「発送と小売りのために」バウムクーヘンを焼いた。この事業は一八八六年に宮廷御用達になった。[16]

「発送と小売りのために」は“Zum Versand und Kleinverkauf”と括弧付きで記してある。グロッホについての

写真2-3　コットブスに立つマリア・グロッホの像。グロッホが右手に抱えているのはバウムクーヘン（写真提供：辻製菓専門学校・長森昭雄氏）

言及はない。コットブスの中心部の広場には現在もバウムクーヘンを持つグロッホの像（写真2―3）が立っているが、グロッホ創業の店は現存しない。

　コットブスで、現在コットブス風バウムクーヘンを提供している代表的な菓子店はラウターバッハ[17]だが、この店のバウムクーヘンはコットブスのバウムクーヘン製造社[18]が作っている。同社はバウムクーヘンの製造工程の見学もおこなっていて、バウムクーヘン工場であるとともに、コットブスの観光名所のような場所にもなっている。ドイツ統一以前には東ドイツ圏だったコットブスだが、第二次世界大戦前には二十カ所あったバウムクーヘン製造所は、現在のコットブスのバウムクーヘン製造社だけになっているという[19]。一九〇〇年創業というラウターバッハはグロッホの店の直系というわけではなく、二つの世界大戦を乗り越えて統廃合をしながら続いたコットブスのバウムクーヘンの店だと思われる。もう一つの特産地ザルツヴェーデルはザクセン＝アンハルト州アルトマルクにある。ザルツヴェーデルは神聖ローマ帝国時代にブランデンブルク選帝侯領土内だった。「バウムクーヘンの系譜」では以下のように記述している。

　一八二五年から一九三〇年の間にザルツヴェーデルで、一八〇三年生まれのルイーゼ・レンツ嬢が彼女の祖父エルンスト・アウグスト・ガルベスのレシピによるバウムクーヘンを焼き始めた。ガルベスはフリードリヒ二世の義兄であるシュヴェート辺境伯のもとで、長い間料理長を務めていて、のちにフリードリヒ・ヴィルヘルム二世の宮廷があるベルリンにいった。しかし彼はそこに長くとどまらなかった。そして彼は一七九三年のはじめに、今日のシュヴァルツェン・アドラー（黒鷲）であるノイシュタット市庁舎地下のレストランの経営を受け継いだ。（略）ザルツヴェーデルのバウムクーヘンの歴史で、数回の王の訪問はこの菓子ののちの名声にとって決定的なものになった。あの（オットー・）ビスマルクも、ザルツヴェーデルでバウムクーヘンを食べた。[20]

現在、ザルツヴェーデルでバウムクーヘンを販売する店は三軒あり、それぞれがウェブサイト上で由来を掲げている。それによるといちばん古い店は、一八〇七年のレシピをもつとされる元祖ヘニヒ・ザルツヴェーデル・バウムクーヘン製作所[21]である（以下、ヘニヒと略記）。ヘニヒはオーナー一族の姓で、〇七年以来のレシピをもつとする。ウェブサイトの動画によると、電気による熱源で焼成するバウムクーヘンが多いなか、ヘニヒは現在でも直火で焼成している。二つ目の店は四二年創業のカフェ・クルーゼ[22]である。同店は、「バウムクーヘンの系譜」で記述があるガルベスのレシピを踏襲しているとする。三つ目の店は四三年創業のザルツヴェデラー・バウムクーヘン[23]である。ウェブサイトによると創業者はシャルロッテ・レンツとあり、レンツ家の血筋をひく女性だろうと思われる。レシピはガルベスのものを再現した流れをくむとある。以上の内容を総合すると、ザルツヴェーデルのバウムクーヘンは、ヘニヒ系とガルベス・レンツ系に大別できる。

バウムクーヘンの名産地としてはこのほかにドレスデンがあり、その代表的な店は一八二五年創業のコンディトライ・クロイツカム[24]である。同店のウェブサイトにはバウムクーヘンの歴史についての記述がある。そこには、四一年五月二十六日にフリードリヒ・ヴィルヘルム四世がザルツヴェーデルのヘニヒを訪れてバウムクーヘンを賞味したことによってバウムクーヘンが「菓子の王、王の菓子」と称されるようになったと記してある。この内容から、ドレスデンのバウムクーヘンはザルツヴェーデルのヘニヒの流れをくむと思われる。このようにバウムクーヘンはプロイセンのコットブス、ザルツヴェーデル、ザクセンのドレスデンの地方菓子だった。

ここで特筆すべきことは、コットブスでもザルツヴェーデルでも、十九世紀前半のバウムクーヘン発祥に関わる人物が、マリア・グロッホ、そしてルイーゼ・レンツという女性だったことである。その背景には当時のドイツの社会制度の変動がある。ナポレオン戦争に敗れたプロイセンはティルジット条約を受け入れざるをえず、現状を打破するために一八〇七年からプロイセン改革をおこなった。この改革では、地方行政の改革や税の見直しとともにツンフトによる特権的な営業独占が廃棄され、一定額の営業税を支払って営業鑑札を取得すれば自由に営業することが認証された。(25) ツンフト制の下では原則として親方は男性であり、女性は一般的に排除されていた。グロッホやレンツがバウムクーヘンの製造と販売に参入できた背景には、このような営業の自由の導入という制度の改革があった。

グロッホについては料理人やツッカーベッカーに連なる仕事をしていたなどの情報はないが、コットブスはブランデンブルク州にあることもあり、グロッホが焼き始めたバウムクーヘンは第1章でみた第4期のシェルハンマーに連なる女性料理人から家庭で伝え続けられたシュタンゲンクーヘン（棒状の焼き菓子）の流れをくむレシピの可能性が高い。一方、ザルツヴェーデルのレンツのほうは、シュヴェート辺境伯の料理長だった祖父ガルベスのレシピで焼いたとあるので、レシピ自体は、第1章第5節の項「一七五八年と八五年のローフト『ニーダーザクセン料理書』のレシピ」でみたマルクス・ローフトに代表される都市料理人の料理書の系列だったと考えられる。ドイツで菓子職人のマイスターの資格を取り、日本のドイツ菓子の第一人者だった故・安藤明が記した『ドイツ菓子大全』にはコットブスとザルツヴェーデルのバウムクーヘンのレシピが所収してある。それによると、コットブスは粗挽きアーモンド入りの濃い味で生地はもろさがあり、一方ザルツヴェーデルは延びがいい生地を速い回転で焼いて自然な凹凸をつけると紹介している。(26)

地方菓子から全ドイツ的菓子へ

ここまでみたように、コットブスでは一八一九年に、ザルツヴェーデルでは〇七年と四二年、四三年にバウムクーヘンを売る菓子店が創業している。このころのドイツは三五年末に南ドイツのニュルンベルクとフュルト間に鉄道が初めて開通したのを皮切りに、四〇年代半ばにはザクセン王国、のちにはプロイセン王国も鉄道建設に参入する。鉄道建設は重工業を促進し、六〇年から七〇年の十年間に粗鋼生産は三倍に急上昇して、経済大国への道を歩む時代である。鉄道建設が主導した工業化の波は労働力需要をもたらし、企業で働く賃金労働者層を生む。十九世紀後半から工場が拡大するにつれて、企業は労働者の住まい確保のために大規模な社宅や団地を建設する。テュッセン・クルップ社は現在でもドイツの代表的な鉄鋼・機械メーカーだが、前身のクルップ社の場合、七五年には十三カ所の団地に五千人の労働者が住み、彼らの家族を含むと一万七千人が住居していたとされる。大規模な団地の中心には広場と公園があり、市場が開かれた。市場ではジャガイモや麦などの食材が売られ、ハムやパンと並んでケーキやビールも販売していた[27]。ドイツの製糖業が盛んになるにつれて菓子製造業も拡大し、菓子を食べる生活習慣が都市の労働者階級の間で定着し始めたことを示している[28]。

菓子は近代化によって生まれた労働者層に支持されることで普及したが、バウムクーヘンを有名菓子に押し上げたのは旧体制の権威だった。バウムクーヘンは宮廷あるいは王のお墨付きによって名声を得るのである。コットブスのグロッホの店は一八八六年に宮廷御用商人の称号を得ていて、ザルツヴェーデルのバウムクーヘンはフリードリヒ・ヴィルヘルム四世の数度にわたる訪問とビスマルクが賞味したことで名声を高めた。都市市民の増大が製菓業の発展の源だが、菓子の普及は当然ながら菓子店同士の競争を生む。そのような状況で頭一つ抜き出る道があった。それが宮廷御用商人の称号を得ることである。当時の商人にとって宮廷御用商人になることはいわば別格の店になることであり、その先には王室商業顧問官の称号が待っていた。しかし、宮廷御用商人の実態はというと「大衆社会の開始にあたって、こうした称号は定型的に授与されるようになった[29]」とされる。グロッホが宮廷御用商人になったのは八六年で、ヴィルヘルム一世からの授与ということになるが、当時ヴィルヘルム一世は八十九歳という高齢である。宮廷御用商人の授与が多分に形式的な手続きだったことは容易に想像できる。

むしろ、そこにはグロッホの経営手腕があったと推測できる。

「バウムクーヘンの系譜」によれば、「バウムクーヘンは菓子製造の確固たる構成要素」になり、そのうえで一八五四年にはベルリンの職業評議会によるマイスター試験の実技科目に「それにふさわしい、食べることができる装飾を添えたセンターピースの状態のバウムクーヘン」が採用されるようになったとされる。(30)

ただ、これをもってバウムクーヘンが北ドイツの地方菓子から全ドイツの銘菓になったとは考えにくい。ドイツ初の近代菓子の製菓書とされる一八七〇年出版のカール・クラックハルト『製菓全書』にはバウムクーヘンの記載はないからである。(31) つまり六〇年代にはバウムクーヘンは全ドイツ的な菓子ではなかった。「バウムクーヘンの系譜」によると、九八年のオットー・ビエルバウム『菓子職人事典』にはベルリン風とマルデブルク風のバウムクーヘンのレシピの記載があるとする。(32) 〇〇風と呼ばれていることからは、バウムクーヘンの名声は高まっていたものの、まだ一地方菓子だったことが推察できる。しかし、次に紹介する九〇年版『料理技能の百科事典』(33)には、〇〇風という形容はなく「バウムクーヘン」としてレシピが載っている。以上のことを考え合わせると、十九世紀前半のバウムクーヘンは製菓界では地方菓子の色合いが強く残り、料理界ではその製法は仕事の一部として確立していたことがわかる。そして十九世紀末には菓子職人の間にもバウムクーヘンの製造は広まっていく。十九世紀はバウムクーヘンの製造が料理人から菓子職人の手へと移行し、地方菓子から全ドイツ菓子へと認知されていく過渡期だった。

一八九〇年『料理技能の百科事典』のレシピ

バウムクーヘンは十九世紀にはコットブスとザルツヴェーデルで、さらにドレスデンの各地で銘菓として名を上げた。これらの地域は固有のレシピをもっていたとされるが、現在では正確なレシピは残されていない。ザルツヴェーデルのヘニヒはウェブサイト上で一八〇七年のレシピを保持すると記しているが、そのレシピは公開していない。そこで十九世紀のバウムクーヘンを知る手がかりとして、一八九〇年版『料理技能の百科事典』のバウムクーヘンのレシピをみる。以下、レシピの和訳を記す。

バウムクーヘン

まったく独自の方法で作られ、非常に多くの特別な装置と技巧を必要とするこの種のクリスマスの菓子は、家庭ではうまく作り上げることはできない。そのため私たちは作り方の一つの短い説明だけを与えるつもりである。

八百七十五グラムの細かく砕いた砂糖が四十個分の卵黄とともに一時間、混ぜられる。それから煮溶かして上澄みをとり、再び冷やしたバター一キロとともにしばらくの間しっかりと混ぜる。さらに十グラムの砕いたシナモン、同じくらいのクローブとカルダモン、二つのレモンで作った深い皿ですりつぶした砂糖、いくらかの塩、さらに一リットルの生クリームと一キロの精製された小麦粉、最後には、生地に四十個分の卵白の硬いメレンゲを混ぜる。バウムクーヘンの型は、五、六十センチの長さ、下方十五センチ、上方十センチの直径をもつ、なめらかで堅い木で作った丸く加工された木でできている。この木の長さに応じて、一本の鉄の細い棒が差し込まれる。木の全体をバターでまんべんなく覆った何枚かの湾曲させた紙で巻いて、巻き付け用の糸でつなぎとめる。

次に二つのかなり大きな火の台に置いた堅い薪から出る明るい炎の上で、型〔紙を巻いた木〕がついた串を焼く。用意した焼き棒を置き、その下に、生地がしたたり落ちうる深鍋を置く。そしてゆっくりと回転させながら、型に上から下まで、だいたい指一本の厚さの生地を注ぐ。これに続いて、一定の火のもとで焼き棒を大きく、いくらか早めに、この層が明るい茶色に焼けるまで回転させる。そして下から上に二回目の衣〔生地〕をかける。そしてしたたり落ちる生地をいくらかの生クリームで薄めながら、再三再四、型が埋まるまで焼く。さらに、焼き菓子のなかのあちこちにいくつかのレモンの断片を差し込む。これらの断片に生地がつき、ギザギザあるいは不揃いな大きさの突起が形成されるが、これはバウムクーヘンの特別な外見に必要なものである。
そのように生地全体を、六つから七つの重なりが形成されるまで完全に注いで焼いたあと、火から焼き菓子を取り、それをレモンあるいはオレンジの糖衣で衣がけにし、あらためて火の上で回すことによって少しずつ乾かす。
そして下方の縁を完全に平に切断し、焼いた菓子が冷えたあとでもう一人の助けを借りて注意深く串から取り、それをまっすぐに立て、上に小さなクリスマスツリーのように、あるいはそのようなもので飾る。
大きな菓子店では、しばしばこのようなバウムクーヘンが作られ、七百二十個以上の卵が使われる。

このレシピの手順を整理すると以下のようになる。

卵黄と砂糖をすり混ぜる↓これに、溶かして再度冷やして固めたバターを加えてよく攪拌する↓風味づけのスパイス類を混ぜる↓生クリームを混ぜる↓小麦粉を混ぜる↓メレンゲを混ぜる。

この手順は現在のバウムクーヘンとほぼ同じである。しかし、次の二点で完成されたバウムクーヘンの製法にはまだ至っていない。その二点とは、バターを一度溶かして使うことと生クリームを使うことである。なぜなら、第1章第5節の項「完成の条件とは」で述べたように、バターは一度溶かしてしまうと成分中の油脂の結晶型が壊れて細かい気泡を抱き込むことができなくなる。つまりクリーミング性がなくなるのである。また、生クリームは成分中の油脂が生地の気泡を壊す。ただし、最後に加えるメレンゲは「固い」と形容されていて、きめ細かな気泡を含むメレンゲを作る重要性を強調している。したがって、このレシピは「バウムクーヘンの系譜」の発達区分の第五期に続く、いわば第六期バウムクーヘン完成前期と位置づけることができるだろう。

また、焼成中にレモンの断片を差し込んで焼き上がりの形状にギザギザの突起をつける方法は、第1章第4節のザルツブルク司教の主膳だったハッガー『ザルツブルク料理書』のレシピを踏襲している。具体的には、「バウムクーヘンの系譜」にあるように「焼きながら、アーモンドの細切りかレモンの皮の細切りが差し込まれた」(34)という使い方である。そして、このレシピではバウムクーヘンをクリスマスの菓子としていて、一八九〇年当時のバウムクーヘンの祝祭の菓子としてのあり方の一端が見て取れる。

また、このレシピを収めているのが『料理技能の百科事典』であるように、十九世紀後半はバウムクーヘンの製造はまだなお料理人の技能に属するものだった。しかし同時に、レシピの末文に「大きな菓子店では、しばしばそのようなバウムクーヘンが作られ」と記されている。ここからも前項の「地方菓子から全ドイツ的菓子へ」で述べたように、十九世紀末はバウムクーヘンの製造が料理人の仕事から菓子職人の仕事へと移行する時期だったことがわかる。

『料理技能の百科事典』には、バウムクーヘンは「家庭では、うまく作り上げることはできない」と記してある。しかし、家庭でもバウムクーヘンを作っていた。家庭の主婦を対象にした料理書にもバウムクーヘンのレシピを見つけることができるのである。次に、家庭の主婦に向けて書かれた料理書のなかのバウムクーヘンのレシピをみていく。

一九〇四年のエルハルト『挿絵入りの料理書』のレシピ

一九〇四年にベルリンで出版されたマティルデ・エルハルトの『挿絵入りの料理書』(35)にはバウムクーヘンの記載がある。著者エルハルトについての情報は見つけられなかったが、監修者として名を連ねているA・マチスは自身の店をもつ料理マイスターで、フランクフルト・アム・マインの国際料理連盟の会長を務めた人物である。同書の巻頭ページ(図2―5)には「わかりやすく市民的(36)でより優雅な食卓のために」「良質でおいしく安い料理と飲み物、それに焼き菓子の準備のために」「段取りがいい主婦のための助言と忠告」などという内容説明の言葉が並んでいることから、同書が市民的な生活様式を目指す、ある程度豊かな家庭の主婦向けの料理を中心にした家政書だとわかる。また、千九百四十五番と千九百四十六番にバウムクーヘンに関係するレシピを記載している。まずは千九百四十六番「バウムクーヘンまたはシュタンゲンクーヘン」の和訳を以下に記す。

千九百四十六番　バウムクーヘン、またはシュタンゲンクーヘン

ふるいにかけた砂糖一キロがすり鉢に入れられる。卵黄六十個、ある程度砕いたクローブ、カルダモン、

Berlin. Frankfurt a. M. Hamburg. Wien.
Allerhöchste Auszeichnungen.
Ehrenkreuze, Goldne Medaillen u. Ehrendiplome.
Paris. Straßburg i. E. Brüssel. Ulm.

Großes
Illustriertes Kochbuch
für den
einfachen bürgerlichen und den feineren Tisch.

Zur Bereitung guter, schmackhafter und wohlfeiler Speisen, Getränke und Backwerke,
enthaltend
über 2000 erprobte und bewährte Rezepte nebst vielen Originalrezepten
der süddeutschen, norddeutschen, rheinischen, Thüringer, Hamburger, Wiener, französischen und englischen Küche, der Fasten- und Krankenkost,
sowie
Winke und Ratschläge für praktische Hausfrauen,
welche für jeden geordneten Haushalt unentbehrlich sind,
insbesondere betreffs
des vorteilhaften Einkaufs, Einkochens und Einmachens der Früchte und Gemüse, der Behandlung und Aufbewahrung der Vorräte in Speisekammer, Küche und Keller, der Reinigung der Koch- und Tischgeräte, der Küchen- und Tischwäsche.

Sicherer Ratgeber bei allen Angelegenheiten
des täglichen Tisches und der Festtafel
beim Tischdecken, Tranchieren, Anrichten, Garnieren und Servieren.

Mit vielen Kunstbeilagen und Textbildern, zusammen über 1000 Illustrationen.
Unter Mitwirkung praktischer Hausfrauen in Deutschland, Österreich und der Schweiz
herausgegeben von
Mathilde Ehrhardt.
Neue verbesserte und vermehrte Auflage (95. Tausend),
durchgesehen von
A. Mathis,
Präsident des Internationalen Verbandes der Köche zu Frankfurt a. M.

Verlagsdruckerei Merkur, Berlin SO. 16.
1904.

図2-5 『挿絵入りの料理書』の巻頭のページ
(出典：Mathilde Ehrhardt, Buchgesehen von Mathis. A., *Illustriertes Kochbuch für den einfachen bürgerlichen und den feineren Tisch*, Verlagsdruckerei Merkur, 16, 1904.)

コリアンダー、シナモン十五グラム、ナツメグ二個をすりおろした粉末、そしてすりおろしたビターアーモンド三十グラムが加えられ、すべての材料が十分に泡立てられる。次いで、小麦粉百グラムがそれらのなかに混ぜられ、溶かしてすっかり冷えたバター一キロをゆっくりと注ぎ、そして最後に卵白六十個のメレンゲがすぐにそのなかに入れられる。そこで、焼き串に丸くてなかをくりぬいた木材からできた木である焼き串を固定し、それにバターを塗り、白い紙を巻き付ける。

この周りに、細かく規則正しい間隔でかなり太い縛り糸を巻く。あらかじめ溶かしたバターを塗り込んだ縛り糸を固定するために、木の両端に小さな釘を打つ。

続いて木がむき出しの竈の火の上で、はじめはゆっくりと、それから早く回転させられる。その結果、木は十分に温まる。しかしながら紙が褐色になってはならない。それから布切れでバターを拭き取り、次に第一の層の生地だけを木の周りに注ぐ。その際にツノができるように、木をはじめはゆっくりとそれから早く回す。

最初の層が明るい黄色に焼かれるやいなや、二番目の層をその上に注ぎかける。そして、すべての生地が焼かれるまで手早くおこなう。焼き菓子が適切な長さのツノを得るために、注ぐ際には本当に速く回さなければならない。

菓子が焼き上げられたならば、卵白六個で作ったメレンゲを噴射機で吹きつけ、粉砂糖を振りかけ、十分に乾燥させ、ある程度冷やす。

次に木の両端の釘を外し、結び紐を断ち切ることがないように両端の端を平らに切り落とす。そして結び紐を引き出す。クーヘンはバウム〔焼き木〕の薄いほうの端から下へと引かれ、そして紙が取り去られる。

このレシピの手順を整理すると次のようになる。

砂糖と卵黄そして風味づけのスパイス類、さらにアーモンをすり混ぜる↓小麦粉を混ぜる↓冷えた溶かしバターを混ぜる↓メレンゲを混ぜる。

前項でみた『料理技能の百科事典』とこのレシピを比較してみると、小麦粉とバターを混ぜる順序が逆になっている。砂糖と小麦粉を混ぜたところに溶かしバターを入れるのはフラワーバッター法と呼ばれる製法だが、生地が締まって硬く焼き上がるため現在ではほとんど使われない。『料理技能の百科事典』にある卵黄と砂糖を混ぜたものとバターを混ぜるのはシュガーバッター法と呼ばれ、現在ではバター主体の焼き菓子の基本製法である。つまりフラワーバッター法の利点は、バターと砂糖類を混ぜる手間が省かれることである。フラワーバッター法は攪拌の労を軽減する、楽に作ることができる製法といえる。さらに、バターを溶かして使うことも混ぜやすさを優先した手法なので、家庭のためのバウムクーヘンのレシピでは作業の簡便さを求めていることがわかる。また、生クリームが材料から消えている。生クリームを材料から外すことはバウムクーヘン完成の決め手だが、前述のレシピは生クリームの排除を製法上の理由ではなく、製法の簡潔さを求める観点からおこなっていることが読み取れるので、ここでは保留しておくことにする。これについては次節の項「バウムクーヘン完成への突破口」で詳しく述べる。しかし簡便さを求めているとはいえ、風味づけのスパイスの種類の多さ、そしてビターアーモンドを使うという凝りようからは、作業は簡単にしても材料は豊かにという方針が見て取れる。(37)

そして前述のレシピには、「バウムクーヘンの焼成器具」の図（図2—6）が掲載されている。わざわざ図を所収しているのは、バウムクーヘンの焼成器具がまだ珍しい存在だったということであり、バウムクーヘンはこれがなければ製造できない高嶺の花ともいえる菓子だったことも知ることができる。またもう一つ、バウムクーヘンの焼成の解説として、直火の上に掲げたハンドル付きの心棒に取っ手つきの壺から生地をかけている図2—7を添えてあるが、これは実行不可能であり、いわばバウムクーヘン焼成のイメージ図といったものである。実際とは違う印象的な図を所収していることからも、バウムクーヘンは実際に家庭で焼く菓子というよりも、焼き

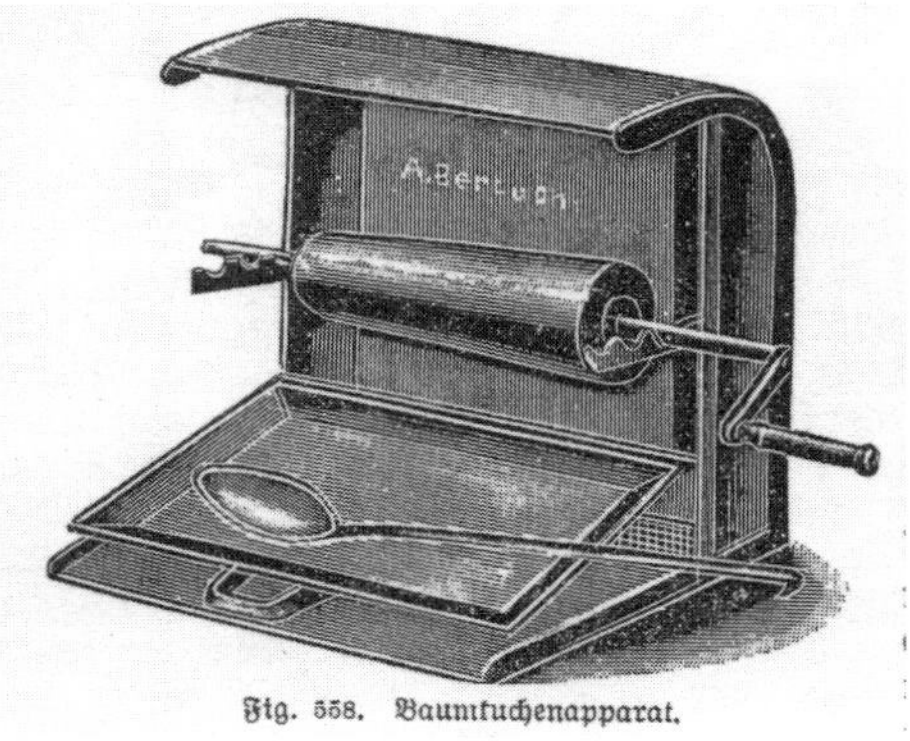

図2-6　バウムクーヘン焼成器具588
（出典：Ehrhardt, *op. cit.*, S. 586.）

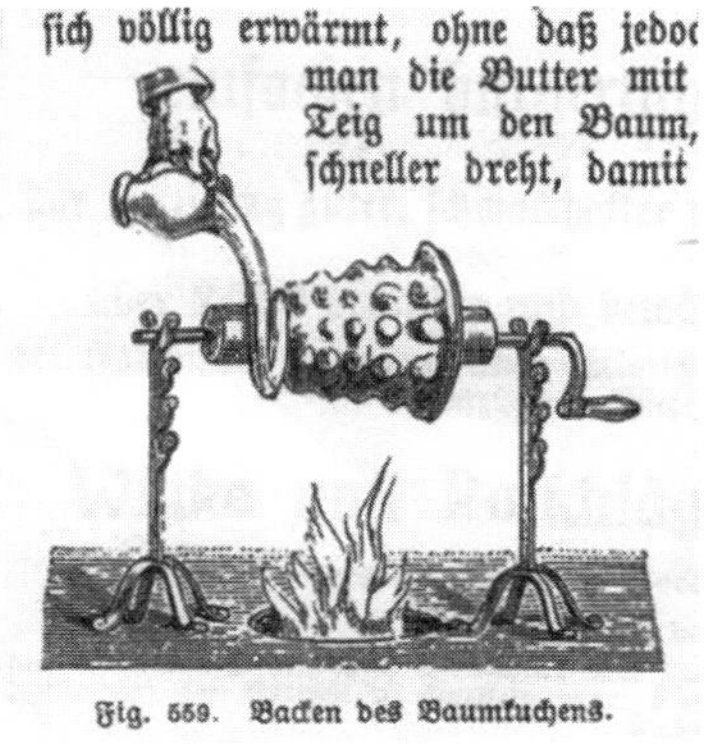

図2-7　バウムクーヘン完成559
（出典：*Ibid.*, S. 587.）

方を知っていれば十分な菓子だったことが推測できる。

同書のもう一つのバウムクーヘンに関する項目は千九百四十五番「バントクーヘン、またはバウムトルテ」である。バントには書物の巻のような意味があり、生地の重なりの様子を表現していると思われる。別称としてバウムトルテとなっているが、トルテは丸い形の菓子を示す言葉であり、この菓子の形状を表している。以下にレシピの和訳を記す。

千九百四十五番　バントクーヘン、またはバウムトルテ

五百グラムの澄ましバターが生クリームにすり混ぜられる。そして卵黄十二個とふるいにかけられた砂糖五百グラムをゆっくりとすりつぶす。続いてすりおろしたナツメグ、レモン一個をすりおろしたもの、それと百グラムのよくくだいたスイートアーモンドと十五グラムのビターアーモンドをそれに加えて混ぜる。

ふるって温めた小麦粉二百五十グラムをその生地に混ぜたあと、十二個の卵白のメレンゲのなかにすぐに移し、バターでなでた浅く丸い型に薄い層に敷きつめ、この層を明るい黄色の層に焼く。

さらに二番目の薄い層をその上に広げ、その型を三脚台の上に置く。そしてクーヘンがただ適切な高温であるようにだけ気遣う。二番目の層が明るい黄色に焼けたあとに三番目を広げ、すべての

生地が使われるまで手早くおこなう。
クーヘンが少し冷めたあとで、それを〔皿の?〕上に移し、卵白と混ぜた砂糖で表面を覆い、スプレーの砂糖飾りで飾り、果物の砂糖漬けで覆う。

このレシピの手順は以下である。

溶かして上澄みだけを取ったバターと生クリームを混ぜる↓卵黄と砂糖を混ぜる↓すりおろした風味づけのスパイスとくだいたアーモンドを混ぜる↓小麦粉を混ぜる↓メレンゲを混ぜる。

手順からみていこう。このレシピは千九百四十六番の「バウムクーヘン、またはシュタンゲンクーヘン」とほぼ同様である。材料に生クリームを使うので、先に同じ脂肪分であるバターと生クリームを混ぜるという工程が入っている。千九百四十五番「バントクーヘン、またはバウムトルテ」はフライパンのような浅く丸い焼き型に生地を薄く広げて焼き、上から何度も重ね焼きする菓子である。つまり、十九世紀にはバウムといえば重ね焼きした焼き層をもつという認識が定着していたことがわかる。
千九百四十五番の「バントクーヘン、またはバウムトルテ」(以下、〈バントクーヘン〉と記す)と千九百四十六番の「バウムクーヘン、またはシュタンゲンクーヘン」(以下、〈バウムクーヘン〉と記す)のレシピの配合と割合を比較してみる。

千九百四十五番〈バントクーヘン〉
澄ましバター　五百グラム
生クリーム　量は示されていない

砂糖　五百グラム
卵黄　十二個（約二百四十グラム）
小麦粉　二百五十グラム
卵白　十二個（約三百六十グラム）
風味づけ　ナツメグ、レモンの皮、スイートアーモンド、ビターアーモンド
＊配合割合　バター一対砂糖一対卵一・二対小麦粉〇・五
千九百四十六番〈バウムクーヘン〉
溶かしバター　一キロ
砂糖　一キロ
卵黄　六十個（約千二百グラム）
小麦粉　百グラム
卵白　六十個（約千八百グラム）
風味づけ　クローブ、カルダモン、コリアンダー、シナモン、ナツメグ、ビターアーモンド
＊配合割合　バター一対砂糖一対卵三対小麦粉〇・一

この配合をみると、バターと砂糖の分量の比が同じ割合であるのは千九百四十六番と同じだが、卵と小麦粉の割合が大きく異なることがわかる。卵の割合が多いほど生地は軟らかくなり、小麦粉の割合が多いほど生地は粘性が増して固くなる。つまり〈バントクーヘン〉のほうは粘性がより強い生地であるのに対し、〈バウムクーヘン〉の生地は液体状の生地であることがわかる。これは焼成法との関連から考えると不自然である。〈バントクーヘン〉の粘度が高い生地は心棒に絡まりやすく、かけながら焼く焼成法に向いているのに対して、〈バウムクーヘン〉の液体状の生地は薄く広がりやすいのでフライパンに流して焼くのに向いている。つまり焼きやすさと

いう点だけでみてみれば、この二つのレシピは〈バントクーヘン〉は心棒にかける焼成法が、そして〈バウムクーヘン〉はフライパンでの重ね焼きをするほうが理にかなっている。生地と焼成法のかけ違えともいえる組み合わせは、〈バントクーヘン〉と〈バウムクーヘン〉が別の系譜をたどってきた菓子であることを示唆している。〈バウムクーヘン〉で使う溶かしバターはバターをそのまま溶かしたものであるのに対し、〈バントクーヘン〉では澄ましバターを使っている。澄ましバターは焼き色がつきにくいために、フライパンなどで一枚ずつ焼くクレープ生地などに用いる。[38]この点から、〈バントクーヘン〉が一枚ずつ焼いていた生地を「重ね焼き」するようになった菓子であることがわかる。一方、〈バウムクーヘン〉は卵が多い液体状の生地であり、第1章でみてきた「バウムクーヘンの系譜」第四期の卵生地を踏襲していると考えられる。「バウムクーヘンの系譜」の第四期の生地は、一六九七年に女性料理人シェルハンマーが市民層の主婦のために記した料理書『ブランデンブルク料理書』にあった。それは串焼き菓子に焼き層をもたらした大変革だったが、その卵生地は約二百年後の家庭向けの料理書に記載され続けているのである。そして「重ね焼き」は、それまで一枚ずつ焼いていた生地にも影響を与え、浅い焼き型で平たく一枚ずつ重ね焼きするという菓子を生んでいる。『挿絵入りの料理書』の巻頭の言葉を借りるならば、バウムクーヘンを家庭で作ることは「市民的」であり、筒状には焼けないまでも平たく「重ね焼き」する菓子もまた「より優雅な食卓」を飾る菓子だったと思われる。

〈バントクーヘン〉と〈バウムクーヘン〉を風味づけの材料の点からみると、第1章第4節の項「一七二三年(一六九七年)のシェルハンマー『ブランデンブルク料理書』のレシピ」で取り上げたハッガーの『ザルツブルク料理書』の影響が見て取れる。前項の『料理技能の百科事典』では、突起を作るためにレモンの皮が生地に差し込まれて使われていて、『挿絵入りの料理書』ではレモン、アーモンドはともにすりおろして生地のなかに混ぜ込んでいる。アーモンドは、次節の項「ドイツ菓子の隆盛期のバウムクーヘン」で考察する現代バウムクーヘンの定義では副材料として認められることになる。

以上からわかることは、十九世紀末ではバウムクーヘンは自分では作らなくても作り方は知っておきたい市民的な菓子だったこと、「重ね焼き」した生地は「バウム」であると認知されていたこと、「重ね焼き」は家庭でも取り入れたい焼成法になっていたことである。また、焼成法は簡易的な方法を取っているが、材料では風味づけのスパイスの種類が増えて贅沢なものになっている。このように十九世紀末にバウムクーヘンは、職業料理人による製造と家庭での菓子づくりが相互に影響し合いながら焼き続けられていたことがわかる。

2　バウムクーヘンの完成

十九世紀のバウムクーヘンは、十八世紀来の風習として主にプロイセン王国の都市部の料理人が祝宴などのための特別な菓子として作っていた。そしてプロイセン改革による営業の自由化を受けて、コットブスでは一八一九年に、ザルツヴェーデルでは二五年から三〇年の間に、バウムクーヘンは不特定多数の人々に向けて販売する菓子になった。当初はプロイセンの地方菓子だったバウムクーヘンだが、ドイツの近代化とそれに伴う経済的な発展による菓子業界の発達という背景のなかで「宮廷御用達」を得たこともあり、特別な菓子という地位を固めていく。一方で家庭では、女性料理人シェルハンマーが一六九七年に記した『ブランデンブルク料理書』を受け継ぐレシピが作り続けられていた。一八七〇年出版の『ドイツ菓子全書』にはバウムクーヘンの記載はないが、九〇年に出版された『料理技能の百科事典』には完成直前のレシピが所収されていて、九八年に出版された『菓子職人事典』ではベルリン風やマルデブルク風と地方名がついたバウムクーヘンを紹介していた。

こうして地方菓子から全ドイツ的な菓子へと普及していくバウムクーヘンだが、製法上の完成という観点からみると、『料理技能の百科事典』のレシピにみられるようにまだ完成には到達していない。その要因は溶かしバターと生クリームを用いるという手法にある。これらは攪拌によって得た卵白の気泡、すなわちメレンゲの泡を損なう結果を生む。本節では、バウムクーヘンがその踏襲を脱し、現在のバウムクーヘンに至る過程を追う。第

1節の項「ドイツの製菓業小史」でみたドイツ製菓業小史は、ドイツ菓子職人を目指すための教本『菓子職人のための教本』の記述を参考にしたものだったが、十九世紀以降についての記述がほとんどみられない。同じく第1節の項「地方菓子から全ドイツ的菓子へ」で述べたように、ドイツ菓子の確立はクラックハルト『製菓全書』が出版された一八七〇年ごろと考えられている。しかし、『製菓全書』はクラックハルトがヨーロッパ各地の菓子店や宮廷での修業で身につけた製菓方法を明確な材料の分量表記で示したことは評価できるが、フランスを中心にしたヨーロッパの菓子をドイツ人の目で編集したことは、ドイツ菓子の礎を築くための地ならしだったといえるだろう。筆者は、押尾愛子が『お菓子の国から』で指摘[39]しているように、ドイツ菓子の全盛期は一九二〇年代だと考える。第一次世界大戦後のヴァイマル共和国時代に、ドイツ菓子は独自の理念をもって真の意味で確立されたのである。

二十世紀初頭のモダン・デザインの影響

ドイツ菓子は一九二〇年以降に隆盛期を迎える。この時期にドイツ菓子はそれまでのフランス菓子の影響を払拭し、菓子を構造として捉えることやレシピを比率で表記するなどのドイツ的な菓子作りの方法論を確立したのである。[40]

まず、十七世紀半ば以降ヨーロッパの菓子を牽引してきたフランス菓子の状況を簡単にみておきたい。ヨーロッパの菓子の製法は、一六五三年にフランスで出版された『フランスの菓子職人』で新しい段階を迎える。それまでの肉入り詰めパイなどを焼いていた総菜店の仕事と小麦粉を使った菓子作りが統合されて、粉菓子を意味するパティスリーという領域が生まれたのである。同書は以降、フランスだけではなくヨーロッパの菓子づくりを牽引する存在になる。

一七八九年のフランス革命後、王や貴族の下で働いていた職人は職を失った。そこで、市中に店を出して菓子を売るようになる。これによって宮廷で育まれた菓子は王や貴族にかわって台頭してきたブルジョワ層に支持され、その後帝政、共和制と揺れ動く時代を経ても宮廷菓子職人の技術は受け継がれていく。この時代にそれまでの高級料理と菓子の技術を系統立てて整理したのが、菓子職人兼料理人であるマリー・アントワーヌ・カレーム（後年アントナン・カレームと名乗る）である。カレームは古くから作られてきた菓子を系統立てて整理し、一八一五年の『フランス宮廷の菓子職人』を皮切りに数々の菓子書と料理書を残した。七三年には弟子のジュール・グーフェが材料と計量を明確に記した菓子書を出版する。グーフェは「目の前に時計を置き、手にはかりを持って絶えず確かめる」という作業を重ねて、それまで口伝により作られてきた菓子のレシピを明確に表記したとされる。(41) 十九世紀後半はチャールズ・ダーウィンによる生物学の革新が広く人文・社会科学にも影響を及ぼした時代だった。ロベルト・コッホやルイ・パストゥールによる細菌学が発達して公衆衛生の必要性などの知識も広がり、食品についての捉え方も実証を重んじる時代になっていく。製菓についても昔から伝承された技術をあらためて検証して、数値化という近代的技法を取り入れたのである。以降もフランス菓子は、パイ生地やカスタードクリームなどの伝統の菓子を洗練させるという方向に進む。

これに対して、ドイツ菓子はフランスとは異なる近代化の道を歩んでいく。前項で取り上げたクラックハルトの『製菓全書』ではフランス菓子とほかのヨーロッパの菓子を見渡す見地にたどり着き、当時ドイツで起こり始めていたモダン・デザインの影響を受けて、菓子製造の新しい概念が構築されるのである。(42) ヨーロッパの菓子はクリームと生地を組み合わせた生菓子、小麦粉主体の生地を焼いた焼き菓子、クッキーなどの小さな菓子に大別できる。(43) このうち生菓子が発達するのは、フランスでバターに砂糖を加えて攪拌したクリーム、つまりバタークリームが作られる十九世紀後半以降である。(44) さらに、バタークリームをさまざまな形の口金をつけた絞り袋に詰めて絞ってデコレーションする生菓子が作られるようになったのは十九世紀末である。(45) このころドイツ菓子は、クラックハルトの『製菓大全』が出版されて独自の道を歩み始める礎ができた。菓子の大国だったフランスでも始まったばかりの生菓子だが、菓子の新興国だったドイツにとっては独自性を発揮しやすい分野として受け入れられた。ドイツ菓子は、丸いデコレーションケーキ、つまりトルテで独自の分野を作り出すのである。

ドイツ菓子のトルテは丸い菓子の総称だが、これは主に生地とクレームつまりクリームを組み合わせた菓子をさす場合が多い。たとえば、エルトベアトルテといえば、生地にクレームを挟んでエルトベアつまりイチゴを載せたデコレーションケーキだし、オープストトルテといえば、オープスト、つまり果物を載せたデコレーションケーキである。さらに土台になる生地は、軟らかく流動的な生地マッセと、こねてつくる固形の生地タイクに分類できる。一九三〇年代以降のドイツ菓子のレシピでは、このトルテには土台としてこのマッセを使い、クレームはこれを合わせるという解説から始まる。フランスでは製菓業の近代化が伝統的な菓子の洗練という方向に進んだことからレシピは菓子ごとに独立していて、菓子の構成の解説はしない。(46)

ドイツの製菓の捉え方は、ブラウンシュヴァイク近郊のヴォルフェンビュッテル出身の菓子職人ベルンハルト・ラムブレヒトに端を発すると考えられている。ラムブレヒトは父親が経営する菓子店で職人としての修業を積み、シュトゥットガルトとブラウンシュヴァイクで美術工芸学校に通った。一九二六年にはライプチィヒで菓子職人手工業のマイスター試験に合格し、二七年に「新しい菓子職人工芸のための専門学校」を開校している。同校は当初は私塾だったが、七八年には「菓子業のための連邦専門学校」(ヴォルフェンビュッテル製菓学校と呼ばれることのほうが多い)と名を変えて、九〇年代まではドイツで唯一の菓子職人の職業教育校だった。(47)ラムブレヒトは二九年に『製菓工芸の新しいスタイルについて』を出版し、ドイツ菓子に仕上げの美しさと味覚上の改革を起こしたとされる。(48)

ラムブレヒトは、美術工芸と建築の総合教育を目指して一九一九年にヴァイマルに創立されたバウハウスの影響を受けているとされる。(49)バウハウス初代校長の建築家ヴァルター・グロピウスは、開校当初は中世のギルドのような共同体を目指して目標を「アートとクラフトの新しい統一」と宣言した。しかしその後は「アートとテクノロジーの新しい統一」と語るようになり、二三年に開催された教育成果を公開する展覧会では、簡素で合理的なショールーム、家具、ポットなどの生活用品を余すところなく展示して大きな反響を呼ぶ。以後バウハウスは世界的に認められ、現在のモダン・デザインの元祖のイメージが定着することになる。ラムブレヒトが「新しい菓子職人工芸のための専門学校」を開いたのは、アートとテクノロジーの統一を具現化しようとするバウハウス的な工業デザインが一世を風靡した時代である。

美術工芸を学んでいたラムブレヒトがバウハウスから受けた影響を具体的に列挙することは難しい。しかし、グロピウスが語ったバウハウスの開校宣言の言葉のなかにその手がかりが見つかるだろう。「造形の多くの部分から成る形態を、その総体で、そしてその諸部分で再認識し、把握することを学ばなければならない」[50]。つまり一つの物を形や色などという要素に分解して、その要素を再確認したうえで総体を捉えるという考え方である。それが菓子をマッセ、タイク、クレームという要素に分解し、それぞれの要素のはたらきを純化したうえで、菓子の味を決めるために、要素の組み合わせを構築するという方法論の土台になったのではないかと筆者は考える。一九七九年にヴォルフェンビュッテル製菓学校で学んだ神戸のバウム・ウント・バウム BAUM u. BAUM[51] の店主・井谷眞一は、同校のカリキュラムは座学が九〇パーセントを占め、その内容は材料学、教育学、経営学だったと語る。

ドイツ菓子の隆盛期のバウムクーヘン

ドイツ菓子は一九二〇年代に隆盛期を迎えた。三四年に出版された『二百五十の菓子店の名物菓子――それがどのように生まれるか[52]』（以下、『二百五十の菓子店』と略記）はその勢いを伝える資料である。ここにはドイツ全土の有名菓子店の自信作のレシピを所収し、監修者のエーリッヒ・ウェーバーは巻頭文で、菓子業界が顧客をより満足させるためには新しくいい菓子を提供することが必要であり、そのためにそれぞれの専門家に自身の特製の菓子のレシピを公開してもらうことにしたと記している[53]。当時の先鋭のドイツ菓子職人が手の込んだクッキー、焼き菓子、トルテ、デザート、冷菓の製造法を公開した同書のレシピは、前項で触れたモダン・デザインの影響を受けたドイツ菓子のあり方を示していて、菓子の構成について、つまり土台と詰めるものについての解説から始まっている。

同書には三一八ページにザルツヴェーデルのバウムクーヘンのレシピがあった。以下に和訳を記す。

ザルツヴェーデルのバウムクーヘン
生地の材料
三百グラムのバター
二百八十グラムの砂糖
二百六十グラムの卵黄
百六十グラムの牛乳
二百八十グラムの小麦澱粉
四百二十グラムのメレンゲのための卵白
八十グラムのアラク酒(54)
二分の一個分のすりおろしたレモンの皮
一本分のバニラビーンズ
バターは砂糖とともに泡立てられる。そのなかに薬味と卵黄をゆっくりと混ぜる。続いて牛乳と粉を三回に分けて上から振り入れ、ゆっくりと下から混ぜる。最後に固く泡立てた卵白を混ぜ入れる。

このレシピには「小型のバウムクーヘンの焼成」という解説がついていて、写真付きでバウムクーヘンの専用オーブン、バウムクーヘンマシン（写真2―4）の使い方を説明している。写真から推測すると、この焼成器具は直系十二、三センチ、長さ五十センチくらいのバウムクーヘンの焼成用と思われる。

このレシピを本章第1節の項「一八九〇年版『料理技能の百科事典』のレシピ」で取り上げたバウムクーヘンレシピと比べると以下の変化がある。

写真2-4　小型のバウムクーヘンマシン
（出典：J. M. Erich Weber, *250 Konditorei - Spezialitäten und wie sie entstehen,* Internationaler Konditorei-Fachverlag, 1934, S. 318.）

①全体の分量が三分の一になり、小型化されている。またそれに見合う専用焼成器が開発されている。

②卵の分量表記が個数から正味の重さに変わっている。

③一八九〇年のものはバターを溶かして上澄みを冷やして使っていたが、個体のまま使うようになっている。

④生クリームが牛乳に変わって、分量も割合でいうと半分になっている。

⑤シナモンなどのスパイスが姿を消している。レモンの皮は残っているが、かわりに風味づけとしてアラク酒とバニラビーンズを加えるようになっている。

⑥小麦澱粉を使っている。

①は、バウムクーヘンを日常的に焼く菓子にするためと思われる。生地は少量化され、小型の専用焼成器を使っている。

②の卵の表記については、家庭向けの菓子作りの本は現在でも個数になっていることが多いが、製菓業では正味の重さで表記する。一度に作る量が多い場合、卵の重さの誤差が生地に影響を与えるためで

ある。卵を正味の重さで表示するようになったことは、製菓技術の精度が上がったからとみることができる。

③のバターの扱いの変化は、現在のバウムクーヘンの製法への移行の段階である。バターは第1章第5節の項「完成の条件とは」で述べたように、一度溶かすとクリーミング性が失われ、完全にはエマルジョン化されない。バターを固体のままクリーム状にすることが、バウムクーヘンの完成の条件である。

④の生クリームから牛乳への変化と量の縮小は、③のバターの扱いとともに現在のバウムクーヘンに近づく過程である。

⑤のスパイスが姿を消したということは、中世の香りからの脱却と捉えることができる。バニラは十九世紀半ば以降に菓子の風味づけに広く使われるようになったものである。酒で風味づけすることは二十世紀の初頭以降からおこなうようになった。

⑥の小麦澱粉の使用は、現在のドイツ菓子の特徴といえる。小麦粉からたんぱく質であるグルテンを取り出して、澱粉だけを粉にした小麦澱粉を使うと、軽くてほろりとした食感に焼き上がる。

以上のことからわかるように、このレシピは現在のバウムクーヘンに肉薄している。しかし、現在のバウムクーヘンとこのレシピを分けているのは牛乳である。牛乳を加えると生地は軟らかくなるが、泡立てた卵白の気泡を損ない、しぼんだ焼き上がりになるのである。

同書はザルツヴェーデルのバウムクーヘンのほかに、バウムクーヘンを使った菓子を六点所収している。そのなかに、バウムクーヘンの中心の空洞にマルツィパンのクリームを詰めたマルツィパン－バウムクーヘン（図2―8）がある。次にこの菓子のバウムクーヘン生地のレシピの和訳を記す。

マルツィパン－バウムクーヘン

特別な名品！

すべてのバウムクーヘンで注意されるべきは、乾燥した粉だけが使われることである。さもなければ、焼き

図2-8　マルツィパン‐バウムクーヘン
（出典：Weber, *op. cit.*, S. 319.）

上がった菓子は脂肪による緑色の縞が貫いて走るからである。

〈バウムクーヘン生地のための材料〉
三百七十五グラムの砂糖
二十四個分の卵黄
三百七十五グラムの温めたバター
二十四個分の卵白
二百三十グラムの小麦粉
二百四十グラムの小麦澱粉
二分の一個分のレモンの皮をすりおろしたもの
一本分のバニラビーンズ
八十グラムのアラク酒

「焼き上がった菓子は脂肪による緑色の縞が」の意味はつかめない[55]。生地の作り方については、ザルヴェーデル風バウムクーヘンと同様と記している。このレシピで特筆されることは、生クリームを使っていないことである。生クリームを材料から外すことは、第1章第5節の項「完成の条件とは」で取り上げたようにバウムクーヘン完成のために残された最後の段階である。つまりマルツィパン‐バウムクーヘンの生地は完成しているのである。

図2-9　ヘルガトルテ
（出典：*Ibid.*, S. 304.）

前述したように、『二百五十の菓子店』にはバウムクーヘン生地を使う菓子のレシピを六点所収しているが、それはザルツヴェーデル風バウムクーヘンと表記された生地を使うものが二点、ほかの四点は「ザルツヴェーデル風」ではなくてバウムクーヘン生地とだけ記してある。バウムクーヘン生地を使うとだけ表記してあるレシピには、製法の記述はない。これは、わざわざ記さなくてもバウムクーヘンの製法は認識されていることを表す。以上のことからは、『二百五十の菓子店』が出版された一九三四年の時点でバウムクーヘンはザルツヴェーデルの特産地と認識されていて、ザルツヴェーデル風には生クリームを使用しているが、生クリームについてはあまり注意は払われておらず、バウムクーヘン生地を焼く場合には、むしろバウムクーヘンをすでに現在とほぼ同様のレシピで作っていたことがわかる。

さらに『二百五十の菓子店』で紹介している菓子では、バウムクーヘンはトルテを構成する一つの生地として扱う。一例を挙げると、ヘルガトルテ（図2―9）がある。ザルツヴェーデル風バウムクーヘン生地を薄くそぎ、間にモカブッタークレーム、つまりコーヒー風味のバタークリームを挟んで仕上げたトルテである。ここには、特別にザルツヴェーデル風バウムクーヘンを使うという意識はみられない。

以上のように『二百五十の菓子店』から読み取れることは、一九三四年以前にバウムクーヘンは完成していたこと、二〇年以降のドイツ菓子全盛期にバウムクーヘンは小型の焼成器具で焼成する日常的な焼き菓子になっていて、単独で食べるだけではなく、ほかの生地と同様にトルテの構成要素の一つとして用いられたことである。

バウムクーヘン完成への突破口

一九二〇年代、ドイツ菓子の隆盛期に小型焼成器具が開発されたことで、バウムクーヘンは特別な日のための菓子ではなくなった。また、菓子技術が発達していくなかで、バウムクーヘンはおのずから完成していた。ここでバウムクーヘンの完成直前の過程を明らかにするために、本書のバウムクーヘンの完成形、つまり現在のドイツのバウムクーヘンの配合と定義を明らかにしておきたい。

まず基本の配合は、バター対砂糖対粉類対卵の割合が一対一対一対二である。これは、本章第1節の項「コットブスとザルツヴェーデルでの十九世紀のバウムクーヘン」の末尾で触れた安藤明の『ドイツ菓子大全』による基本のバウムクーヘンのレシピを参考にしている。(56) 粉類としたのは、ドイツでは小麦粉と小麦澱粉を混ぜて使う場合が多いからである。製法の手順は以下である。

バターを攪拌して卵黄を加えてエマルジョン化させる→粉類を混ぜる→砂糖を加えて固いメレンゲを作り、混ぜる。

あるいは、

バターを攪拌して砂糖の一部を混ぜたあとに卵黄を混ぜ、エマルジョン化させる→粉類を混ぜる→残りの砂糖を卵白に加えて固いメレンゲを作って混ぜる。

要約すると、完成型バウムクーヘンの製法の決め手はバターと卵黄をエマルジョン化していることと、固いメレンゲを作ることである。エマルジョン化は粉類を抱き込みやすい状態にし、固いメレンゲの気泡は生地を軟らかくする。固く泡立てたメレンゲの気泡をできるだけつぶさないように混ぜることもポイントである。そのため、粉類とメレンゲを交互に混ぜていく方法を取ることもある。何度も繰り返すが、生クリームはメレンゲの気泡をつぶしてしまうために使わない。ほかに風味づけとして、ナッツ類やスパイス、レモンの皮、酒などを使うが、これについては次の項で取り上げる。

これを基準にすると、『二百五十の菓子店』のザルツヴェーデルのバウムクーヘンは完成形ではない。しかし、ザルツヴェーデル風ではない単にバウムクーヘンと記されたものは完成していた。では、バウムクーヘンはいつ完成したのだろうか。それはバウムクーヘンの本場とされる場所以外で一九〇〇年ごろに起きていた。完成形のレシピを初めて書き記したのはカール・グルーバーとされる。[57]グルーバーは、二十世紀前半にフランクフルト・アム・マインで活躍した菓子職人である。クラウスの『美しい焼き菓子年代記』でグルーバーのレシピを紹介している。

生地は以下のように作られなければならない。二分の一キロのバターは二分の一キロの砂糖とともに泡状にかき混ぜられ、三十二個の卵黄を少しずつそのなかに混ぜ、すりおろしたレモンの皮とスパイスなども混ぜる。そこへ卵白三十二個で作った固いメレンゲ、そして二分の一キロの小麦粉が混ぜられる。

分量の配合はバター対砂糖対小麦粉対卵の割合が一対一対一対三である。先に記した完成形の配合と比べると卵の量は多いが、製法はバターを砂糖、卵黄とともにエマルジョン化させて小麦粉と泡立てた卵白を混ぜるという完成形のやり方である。グルーバーの代表的な著書は一九二六年に出版した『言葉と図による製菓』といわれるが、そこではバウムクーヘンのレシピを見つけることはできない。グルーバーはフランクフルト・アム・マインの菓子職人であり、バウムクーヘンは彼にとって、ほかの地方の菓子である。だから、伝統にとらわれずに菓子職人としての合理的な判断で作ることができたと思われる。メレンゲの泡を壊さないためには生クリームを加えないほうがいいことは、製菓技術者なら誰でもが考えるだろう。だが、バウムクーヘンは十七世紀末の心棒に生地をかけながら焼くという転換期以来、生クリームを加えた液体状の生地を使っていた。バウムクーヘンのレシピと製法を踏襲することは、北ドイツの菓子職人の間ではごく自然なことだっただろう。生クリームを材料から外すことは、プロイセンの菓子職人には思いもよらぬ発想だったと思われる。『二百五十の菓子店』はドレスデンで出版された。ドレスデンは第１節の項「コットブスとザルツヴェーデルでの十九世紀のバウムクーヘン」で述べたようにバウムクーヘンの産地の一つである。前述したように『二百五十の菓子店』ではザルツヴェーデルのバウムクーヘンは、伝統に従って生クリームにかえて牛乳を加えるレシピである。他方、マルツィパン－バウムクーヘンでは、バウムクーヘンがトルテを構成する生地の一つになっていて、そのバウムクーヘンは完成形のレシピと製法になっている。このことは、ドイツ菓子の製菓技術が確立されていくなかで地方菓子の製法も洗練していったことを示している。

菓子の製法は製造現場で生まれて工夫されていくものだから、バウムクーヘンの完成期を正確に特定することは難しい。しかし、ドイツの製菓業でバウムクーヘンの配合と製法についての統一見解が固まったのは一九四三年であることははっきりしている。それはハーンの「バウムクーヘンの系譜」に記してあるからだ。

まず第一に必要なのは、専門家の間で「バウムクーヘン」として理解されているものを、誤りなく確定することである。すでに一九四三年に次の定義が確定された。それは「バウムクーヘンは、最高級の材料だけで作る品位が高い製品である。それは直火の上で閉じられた形態のなかで円柱の上で焼かれる」というものである。(58)

序章で述べたように、「バウムクーヘンの系譜」は一九六四年に「菓子職人マイスター」などの製菓業の業界誌に連載された論文である。このことからバウムクーヘンの定義は四三年に定められていたものの、まだ広く知られていなかったことがわかる。三〇年代にはトルテを構成する生地の一つとして使われたバウムクーヘンだったが、四三年には「バウムクーヘンは、最高級の材料だけで作る品位が高い製品である」と定義されるようになっていた。

次に現在のバウムクーヘンの定義についてみていこう。

ドイツのバウムクーヘンの定義

二〇一五年十月二日発行の「ドイツニュースダイジェスト」[59]千十一号によると、バウムクーヘンの定義について以下のように記している。

ドイツでは、ビールに「ビール純粋令」があるように、「バウムクーヘンの定義」が国立菓子協会によって定められています。油脂はバターのみ、ベーキングパウダーは使用しないなど、数々の厳しい基準をクリアしたものだけが本物と認められています。[60]

この記事を読んで、バウムクーヘンについての厳格な基準があるのだろうと調べたのだが、ドイツの国立菓子協会の定義を見つけることはできなかった。[61] 該当すると思われるものは、ドイツの官報であるＧＭＢＩの「良質な製菓、製パンのための指針」の判断指標だけだった。以下に訳を記す。

Ⅱ 特別な判断指標

1、バウムクーヘン、バウムクーヘンシュピッツェン、バウムクーヘントルテ

生地は穀物の粉百キロにつき最低百キロのバター、あるいはバター脂肪、そして少なくとも二百キロの全卵、あるいはそれに相当と見なされる全卵液を含む。生地にはアーモンド、マルツィパンローマッセ、クル

ミ、あるいはヌガーが加えられる。ベーキングパウダーは使用されない。
それ（生地）は、薄い層に焼かれる。コーティングは、チョコレートコーティング、あるいは糖衣がある。チョコレート類似品でのコーティングはなされない。[62]

以下、この判断指標を詳しくみていく。まず配合については、バター対粉類対卵の割合は一対一対二である。砂糖の量の指定はない。甘さについては自由裁量ということである。次に個々の材料だが、粉類については穀物の粉という指定である。ドイツでは小麦粉は含まれる灰分によって区別されていてさまざまな種類があるが、特に指定はされていない。ドイツでは一般的にバウムクーヘンには小麦澱粉が使われることが多い。『二百五十の菓子店』に所収してあるザルツヴェーデルのバウムクーヘンでは、粉類はすべて小麦澱粉である。穀類についても、穀類の粉であればいいという大枠を示しているだけである。油脂は、バターまたはバター脂肪と指標をたてている。バター以外の油脂の使用を禁じてはいるが、特に風味がいい発酵バターなどの高品質な材料を求める指定はないことから、厳格な指標とは言い難い。

卵については、ほぐした卵の総量の指定があるだけで、卵黄と卵白の比率の指定はない。副材料として生地に加えられるアーモンド、マルツィパンローマッセ、クルミ、ヌガーなどの分量についても細かな指定はないことから、「好みで」というような指示だと解釈できる。本章第1節の項「コットブスとザルツヴェーデルでの十九世紀のバウムクーヘン」で取り上げたコットブスのバウムクーヘン製造社のウェブサイトの動画では、調合した「秘伝のスパイス」を加えることを強調している。また、この項で取り上げた安藤明の『ドイツ菓子大全』[63]では基本のバウムクーヘンのレシピに、副材料としてすりおろしたレモンの皮とバニラ、ラム酒の風味づけを加えている。これらのことからナッツ類、スパイス、酒などの風味づけの副材料については菓子職人の裁量に委ねられていると考えていいのではないだろうか。

ベーキングパウダーを使用しないことについては次のことを考えておかなければならない。製菓の膨張剤には、重曹とベーキングパウダーがある。重曹は加熱すると二酸化炭素、つまり炭酸ガスを放出することによって生地を膨らますものである。しかし、重曹は加熱によって完全に分解されるわけではなく、炭酸ナトリウムの成分が残ってしまうため、焼き色が濃くなり、独特の苦みが出るなど風味を損なう。ベーキングパウダーは重曹の弱点を改良したもので、ガスの発生を促進し、しかもガスが発生する温度を調整する作用を加えたものである。攪拌によって生地に気泡を作って泡立てるという作業が人力による物理的な膨張だとしたら、ベーキングパウダーは生地に混ぜ込むだけで生地自体を膨らませる化学的膨張である。第1章第5節の項「泡立て作業の困難さ」で述べたように、攪拌は骨の折れる作業である。泡立てる労力なしにふんわりとした生地を作ることができるとしたら、これは製菓に携わる人々にとって大きな労力軽減であり、歓迎すべきことであるはずだ。

ドイツでは、ベーキングパウダーは薬剤師だったアウグスト・エトカーによって一八九一年に商品化され、一九〇三年には特許を取得してバッキンという名で販売した。[64] エトカーはドクトル・エトカーという名で菓子書を数多く出版している。はじめはバッキンの普及のための事業だったが、ドクトル・エトカーの菓子書はその枠を超えて、ドイツでは現在も家庭で作る菓子の手引書として人気を集めている。手元にあるドクトル・エトカー『りんごの焼き菓子』[65]は、りんごを使う菓子という方針のもと、「バッキン」を使わない菓子のレシピも所収してあって、いわゆる販売促進の目的はまったく感じさせない。ただしドクトル・エトカーの菓子書は、あくまでも家庭での菓子作りのためのものである。

泡立てる労力なしに生地を膨らますことは菓子作りに携わる人にとって歓迎すべきことだと前述したが、これは家庭で菓子を作る場合に限られる。菓子職人にとっては、ある意味でこの「労力」こそが技術の一部である。事実、卵白体を泡立てる物理的膨張と化学的膨張とでは生地のきめが違う。物理的と表現したのは泡立て器やミキサーで攪拌して空気を含ませることで、化学的とは膨張を促進する薬剤で生地を膨らませることを表す。物理的膨張は全体に均一な細かな気泡で焼き上がるが、化学的膨張は生地自体は持ち上がるがきめが粗く、気泡に大小がある。卵白を固く泡立てて、その気泡を消さないように生地と混ぜ合わせてできる生地、つまり生地全体に均一に散った気泡を含む生地こそが、菓子職人が焼き上げるバウムクーヘンの真骨頂である。この意味でも、膨張剤を使わないことはバウムクーヘンを規定する重要な指標だといえる。

最後に、仕上げのコーティングに関する「チョコレート類似品でのコーティングはなされない」という記述についてだが、「チョコレート類似品」という記述はあまりにも曖昧すぎる。というのは、チョコレートは製菓では特別な存在になっているからである。チョコレートは、本章第1節の項「ドイツの製菓業小史」の『菓子職人のための教本』にもあるように、十九世紀の製菓業の発展で大きな役割を果たしている。ドイツに限らずヨーロッパ全体の製菓業についてもいえることだが、飲み物やチョコレート菓子として楽しむほか、菓子の高級材料としても多用され、チョコレートを使った菓子はその店の自信作として位置づけられる(66)。また、チョコレートには厳密な国際食品規格がある(67)。ヨーロッパ各国はもともとは国ごとにチョコレートの規格があったが、二〇〇三年に欧州共同体としての基準を決める際にカカオバター以外の植物油脂の含有を認めるか否かについてベルギーとスイスのチョコレート業界が激しく反対したことはよく知られたことである。製菓界のチョコレートの規格はこれほどに厳格なのである。前述の特別な判断指標は一九九一年に制定されたものだが、「チョコレート類似品」という表現は製菓業の現実には即していないと思われる。

以上のことを総合して考えると、ドイツの官報GMBIの「良質な製菓、製パンのための指針」に示された特別な判断指標は厳しい基準ではなく、ここさえ押さえておけば問題ないという基本基準だとわかる。いま一度、ハーンの「バウムクーヘンの系譜」からドイツの製菓職人の間で決められたというバウムクーヘンの定義をみてみよう。

　バウムクーヘンは、最高級の材料だけで作る品位が高い製品である。それは直火の上で閉じられた状態のなかで円柱の上で焼かれる。

「最高級の材料だけで作る品位が高い製品」という文言は、具体的に最高の材料が明示されないかぎり規範とは言い難い。むしろこれは職人倫理を問う、菓子職人のバウムクーヘンに対する矜持を示すものだろう。したがって、前述の「ドイツニュースダイジェスト」の記事は、「バウムクーヘンの定義」を正しく伝えているとはいえないだろう。

3　バウムクーヘンが内包するもの

前節でバウムクーヘンの完成までの道のりをみてきた。その道程はドイツ菓子の発展と確立に歩調は合っているものの、第1章や本章の第2節・第3節でみてきたように、最初から「バウムクーヘン、イコール菓子製造業のシンボル(68)」だったわけではない。異端のパンだったものが料理人が手がける宴会用のパン生地の菓子になり、発酵パン生地だったものが卵入りの液体生地に変わり、次第に焼成技術が確立され、それとともに生地にも工夫を凝らしていくというように、食べ物としての価値や意味の反転ともいうべき変化を重ねながら、紆余曲折を経てたどり着いた結果である。しかしバウムクーヘンには、菓子職人の職人倫理を鼓舞する何かがある。ここからは、バウムクーヘンが内包する、その何かについて考察していく。

中世の串焼き菓子について

第1章第1節でみたように、バウムクーヘンの起源とされるオベリアスは、パン窯で焼成する通常のパンとは異なり、生地を串に巻き付けて直火で焼くという異端のパンだった。しかしながら、「バウムクーヘンの系譜」の発達区分第二期では、串焼き菓子は中世の宴会料理として登場する。第1章第1節の項「パンの焼成法と料理の焼成法」と第2節の項「ヨーロッパの焼成方法とその設備」で述べたように、ヨーロッパではパン焼き職人と料理人は仕事の内容も仕事場も厳然と区別されている。第1章第2節の項「パン職人の仕事と焼き菓子の起源」でみたとおり、十三世紀末ごろになると製パン業から徐々に焼き菓子が派生してくる。それに対して、何度も述べるように串焼き菓子はパンの領域にあったものなのに料理の領域で扱われる食品になり、領域をまたいで「越境」したのである。この「越境」は何を意味するのか。このことを探るために、まずは中世から十六世紀までのヨーロッパの宴会料理をみていきたい。[69]

中世の食事は、キリスト教の典礼暦のさまざまな決まりにのっとった制約があった。たとえば、典礼暦ではキリストの降誕祭から十二日間続く宴などがあり、四旬節中または降誕祭の前日などの大斎には節食や断食がおこなわれた。斎の期間は乳製品を除く動物性の食品、つまり肉食は禁じられた。肉を断つ日は総計すると年間三分の一にも及んだという。人々にとっては不自由な決まりごとだったが、厳しく順守された。こうしたなかで大斎向けの特別レシピが生まれた。それは模倣料理である。エンドウ豆をすりつぶしてアーモンドミルクでコクをつけた肉汁風のもの、ハムやベーコンに似せて鮭や白身魚を固めたものなどがその例である。こうした模倣は中世料理の特徴の一つであり、料理人と客は大斎を破った気分を味わうことができた。[70]

さらに、中世後期の宴会料理の構成を調べると以下のようなことがわかる。フランスの例だが、ウィートンの『味覚の歴史』によれば典型的な宴会メニューは三つのコースに分かれている。[71]最初のコースは魚のパイやシチュー、揚げものなどが七品。第二のコースは肉のローストやゆで肉の薄切りパテなどが八品。第三のコースでは小麦の粥、温かいソースを添えたヤツメウナギなどが六品。それぞれ各コースの料理が一度に食卓に並べられる。十八世紀までの料理書では、卓上に並べる料理の配置までを決めていた。[72]そして最後に、イシュー・ド・ターブル（食卓の出口）と呼ばれる現在のデザートにあたるもので締めくくられた。[73]イシュー・ド・ターブルはテーブルクロスを取り払ったあとに出され、香辛料入りのワインであるヒポクラスや軽い菓子、そしてコンフェクトが供された。当時は食卓専用のテーブルはなかったから、テーブルクロスを片付けたあとに出される飲料や菓子は、食事の一環とは見なされないということである。つまり菓子は食事ではないから、その提供は料理人の仕事ではなかった。
食事の構成としては、前述したように第一のコースとして七、八品の料理を一度に食卓に並べた。それを食べたあとに一度すべてを取り下げて、あらためて次のコースに進むのだが、コースとコースの間にはアントルメと呼ばれる「余興」があった。アントルメのアントルは「間に」、メは「料理」というような意味である。アントルメには二つあった。一つは、小麦粉やバターの練りもの、つまりパン生地と同類の生地で作った置物をながめて楽しむものである。これには本物の樹木なども添えられて、その宴会の趣向に沿った飾りが設置された。そしてもう一つは、動くアントルメ、すなわちからくり人形や人が加わって歌や芝居が入り交じるものである。それぞれで宴会の趣旨に沿った寓意的な作品が作られた。アントルメの具体的な例としてウィートンが『味覚の歴史』で挙げたのは、ブルゴーニュ公国の最後の君主シャルル・ル・テメレール（在位一四六七―七七年）の祝宴での三十個のパイである。これらのパイはテントをイメージさせる絹で包まれ、それぞれにシャルルが治めた町の名がついていた。これは置物としてのアントルメである。また動くアントルメとしては、さまざまな果樹を載せた大皿三十枚が庭を形作るように並べられ、それらを金でできた生け垣で囲んでいるもので、ヴィートンによれば、皿の一つひとつに公国の修道院の名が付けられ、その周りには果物を収穫している農民や香辛料が入った籠を持つ人形を配置していた。ほかにライオンに乗った小人が現れたり、ラクダに乗ったインド人が登場して生きた鳥を広間中に放したりと、度肝を抜く演出がなされた。[74] これは勇胆公とも呼ばれるシャルルの特殊な例だったとしても、重要なのは食事のコースの合間に余興（アントルメ）として部分的に食べる飾りものを置くのが祝宴の習わしだったことである。また、ミンツは『甘さと権力』のなかで、この余興の展示品は砂糖を加工して作った装飾品であるとして、一四〇三年のイギリスの国王ヘンリ四世の結婚式の祝宴での三つのコースの料理群を紹介し、各コースの最後はこの砂糖の「細工もの」で締めくくられたとしている。[75]
余興の食べ物としてのアントルメは中世料理の特色でもあったが十六世紀には廃れて、フランスではコラシオンとよばれる甘いものが重視される宴会様式が取って代わるようになる。[76] 第1章第4節の項「女性による料理書」で述べたように、十七世紀半ば以降はフランス宮廷料理がヨーロッパ中に影響力をもっていた時期だった。この時期に飾りものだったアントルメはフランスでは砂糖工芸菓子、つまりピエス・モンテへと変化して、宴会を盛り上げる重要な装飾品として存在するようになっていく。(77) ドイツではピエス・モンテに相当する言葉は「砂糖細工の展示品」または「飾りもの」である。(78) ドイツでも、十七世紀の宮廷での宴で砂糖細工で作った宮殿や果樹園が豪華な飾りものとして用いられ、これらの仕事を請け負う菓子職人はコンディトアと呼ばれたことは本章第1節の項「ドイツの製菓業小史」ですでに述べた。砂糖細工の展示品は二十世紀に入ると廃れたが、現在でも菓子職人の仕事の一分野である砂糖工芸菓子として引き継がれ、第3章第3節の項「製菓技術とは何か」で述べるように菓子職人コンテストの種目の一部門となっている。婚礼の祝宴でのウエディングケーキは、飾りもの「アウフザッツ」の存在をいまに伝える名残の一つである。

以上のことを念頭に置いて、十五世紀から十六世紀までの串焼き菓子を振り返ってみたい。一四五〇年の「一本の串で菓子を食べることについて」という表題がついたレシピでは、中世料理の特徴である彩色が施されていた。さらに一五四七年のシュタインドルのレシピでも「宮廷風の食事と、この管状のものは呼ばれる」と表題がついている。八一年のルンポルトのレシピには、焼き上がりの美しい褐色へのこだわりがみられる。加えてクラウスの『美しい焼き菓子年代記』には、都市貴族の結婚式で串焼き菓子は「十分な花と飾りを装飾され、メインディッシュとして」食卓に供されていたとしている。(79) 同書でクラウスは、オベリアスが焼き串を直火にかざして肉を焼くことの転用だと指摘しているが、これは注目すべきことだろう。(80) ここからは筆者の推測だが、中世の串焼き菓子は肉のローストの模倣として作られたもので、それを宴会の余興である飾りものとして用いるようになり、料理人が宴会のために作る菓子になったのではないか。そうであるならば、中世、料理人が台所で串焼き菓子を作るのはごく自然な成り行きだった。いまこれを史料によって検証する力は筆者にはないが、今後の研究の仮定として温めておきたい。

バウムクーヘンの前近代性

いうまでもなく、バウムクーヘンの生命線はその焼成法にある。バウムクーヘンの起源は古代ギリシャのパンだったが、パン焼き窯を使えない状況から生まれた直火焼きだったから、いわば簡易性を求めて採られた焼成法だった。だが、時代を経て、この焼成法がバウムクーヘンの本質になっていく。

古代ギリシャの直火でのあぶり焼きについて、ルヴェルは『美食の文化史』で「アリストファネスの時代には、肉はあぶり焼く前に茹でていたのだ」[81]と記している。その理由として、アルケストラトスの書を引用し、これは血がしたたる生焼けの肉が嫌悪されたためだという。さらにルヴェルは、アテナイオスの書から次の一文も引用している。「ホメロスは犠牲の牛を屠殺する際にまったくソースを作っていないと批判したうえで、「ホメロスには、肉をゆでること、いや脳髄をゆでることとさえ思いもよらなかったのだ。臓物にいたるまでをあぶり焼いている。それほど野蛮だったのだ」。

以上のような記述だけを読めば、古代ギリシャ人と古代ローマ人にとって直火焼きは粗野な焼成法と見なされていたように思える。しかし、直火焼きという焼成法自体は粗野ではない。アルケストラトスは美食家として知られた古代ギリシャの詩人だが、前述したいったんゆでて焼くという調理法についてはおいしさを損なうものとして批判したうえで、野ウサギは表面をあぶり焼いて多少生焼けのうちに塩だけを振りかけて供することを推奨している。ルヴェルはこのアルケストラトスの料理法に対する意見を「洗練」されていると指摘しているように、現代の料理人も野ウサギのローストのオーダーには、同様の調理法で臨むだろう。アテナイオスのホメロスの宴会料理に対する評価、つまりどの部位の肉も焼くだけで、ゆでてソースをとらないのは、調理法が材料に適しているかどうかを考えていないという点では野蛮といえる。しかしながら、ホメロスの時代には神々は生け贄を焼く匂いを嗅ぐのを好んだと信じられていたことが宴会料理の焼成法を決定していたことを考え合わせなければならない。[82]そうすると、野蛮という評価は妥当ではないだろう。それ以前に、焼成法自体は野蛮、文明的などと区別できるものではなく、むしろ焼成をおこなう調理人の食に対するセンスを問うのである。

直火焼きは最も古い調理法の一つという意味で原始的ではあるが、前述したように料理人の技量があれば洗練された手法でありうる。さらに手がかかる調理法でもある。「ゆでる」はときどきかき混ぜなければならないが、しばらく目を離すことができる。だが、直火焼きは火加減を見ながら焼き串を回転させなければならず、料理人は常に火の前にいなければならない。第1章第2節の項「調理場の図『エプラリオ』」（図1―4）でも述べたように、料理人は火加減を見ながら、串を回す係に速度を指示して串に刺した生地に油を塗るのである。串を回す係は作業が単純なため、十七世紀のイギリスでは下働きのさらに下の仕事と位置づけられ、子どもの仕事と見なされていた。それ以前は、炉の近くに吊り下げた車輪のなかに犬を閉じ込めて走らせて串を回すこともあったという。[83]それほどの単純作業だったのだが、一方の焼き手は、その間火加減を見ておかなければならない。火加減は材料から最大のおいしさを引き出す要所であり、仕上がりの焼き色の美しさもこの点にかかっている。ブリア＝サヴァラン[84]は一八二五年にフランスで出版した『美味礼讃』のなかで、「料理人にはなれても、焼き肉師のほうは生まれつきである[85]」という有名なアフォリズムを残していて、直火焼きが経験や鍛錬では得ることができない天分がものを言うことを明言している。

直火焼きは長時間の作業であり、腰を屈めた状態で火の前にいなければならない。高温と換気の悪さとの闘いでもある。手間がかかるうえに環境も体に悪い、とよくないことずくめの直火焼きだが、それらに勝る対価があった。それは直火焼きでしか得られない味を提供できる喜びと、火を操るという作業の醍醐味である。表面は香ばしく、中身はふっくらと焼き上げられたあぶり焼きのおいしさについてはいうまでもない。火を操ることは修業では得られない天性のセンスが求められるものだったから、天性の才をもつ菓子職人であることを証明する仕事とされた。だから、菓子職人の魂を鼓舞するのである。たとえ、作業が過酷なためにバウムクーヘン職人は短命だと菓子職人の間では知られていても変わることはなかったのだろう。[86]

菓子を構造で捉えて味を組み立てるという近代的な概念を打ち立てることで、ドイツ菓子は隆盛を迎えた。菓子を構造で捉えるという考え方は、部品である生地が均一である前提に立っている。バウムクーヘンもその例に漏れず、小型の卓上バウムクーヘン焼成器具を作り出して、バウムクーヘンの焼成を日常業務のなかに組み込もうとした。小型のバウムクーヘンならば、生地の製造と焼成時間は大幅に縮小できるので、日常の業務に取り入れやすい。そうすれば高級菓子であるバウムクーヘンを提供しやすくなるし、バウムクーヘン生地を使った高価なトルテを増やすことができるからだった。しかしバウムクーヘン小型焼成機は定着せずに、バウムクーヘンオ

写真2-5、2-6　1920年代のドイツのバウムクーヘン専用ガスオーブン。下の管手前の縦の管にガスが通っている。ガス管の穴は大小あり、ガス管ごとに火力を調節できるようになっている。2019年3月に福岡三越でおこなわれた「バウムクーヘン博覧会」の展示から（2019年3月1日に筆者撮影）

ーブンは長さが八十センチ内外のバウムクーヘンが焼成できるもの、すなわちおよそ横一メートル二十センチ、縦七十センチ内外の大きさに落ち着く。写真2―5と写真2―6は一九二〇年代のバウムクーヘンのガスオーブンである。これにはガス管が通っていて、ガス管には大小の穴が開いている。ガス管ごとに火力調節ができるようになっていて、火加減は焼き手に委ねられている。つまり火の通し方は菓子職人の力量に任されているのである。ここには、ドイツ菓子の近代化の波にさらわれることがなかった前近代性が残っている。つまり、近代化で独自の道を開いたドイツ菓子のなかにあって、バウムクーヘンは前近代性を帯びる菓子だった。そして、前述したようにこの前近代性が職人の矜持の源になっている。

「菓子の王」の意味

ドイツでは、バウムクーヘンはしばしば「菓子の王」と呼ばれる。[87]これは主に、本章第1節「バウムクーヘンの完成前期」の項「地方菓子から全ドイツ的菓子へ」で取り上げたように、フリードリヒ・ヴィルヘルム四世がザルツヴェーデルのバウムクーヘンを数回にわたって購入したことに由来するとしている。ここで「菓子」と「王」との結び付きについて考えたい。それにはまず、十九世紀のフランスの食の世相に触れておきたい。

本章第2節の項「二十世紀初頭のモダン・デザインの影響」で言及した近代フランス菓子と料理の礎を作ったとされるカレームは「王の料理人にして、料理人の王[88]」と謳われた。カレームが最初は菓子職人として働き始めたことから、この言い回しの「料理人」は「菓子職人」に置き換えることもある。いつごろからこの言葉を使うようになったかを調べると、原初は一八二九年にカレームが陣頭指揮をとった晩餐会に招待されていた紀行作家が自著に、カレームの料理と菓子を「料理法をひとつの芸術として知的に完成」させたとして「王冠が与えられてしかるべし[89]」と記したことだったと思われる。これに加えて一五年に出版されたカレームの初の著書『パリの宮廷菓子職人』がフランス宮廷で育まれた菓子の集大成という内容だったことや、一六年にはイギリスの皇太子ジョージ四世の招聘を受けてロンドンで働いたこと、一九年にはサンクトペテルブルクのロシア宮廷からも誘いを受けたという華やかな経歴が評価に説得力をもたらした(90)。

第1章第4節の項「女性による料理書」で述べたように、一六五一年に出版されたヴァレンス『フランスの料理人』以降、フランスの宮廷料理の系譜は十九世紀にも受け継がれる(91)。フランスでは革命後に、宮廷や貴族のもとで働いていた料理人や菓子職人の一部が市中にレストランや菓子店を開いた。彼らが作る料理や菓子は王政復古から第二帝政にかけて上流市民に受け入れられていく。カレームは一介の菓子職人だったが、外務大臣も務めた政治家シャルル・タレーラン(92)に見いだされ、タレーランが主催する政治的な宴会で腕を振るって評判をとり、ヨーロッパで名を知られるようになる。カレームは十九世紀初頭のフランスの高級料理を体現する象徴的な菓子職人であり、料理人だった。前述したように「王の料理人にして、料理人の王」という文言の原初が一八二九年の宴会での仕事を賞賛したものであるならば、この形容はカレームの最晩年以降のものであり、むしろその死後に伝説のように広がったことは想像に難くない。前述した項「女性による料理書」で取り上げたムノン『ブルジョワの女性料理人』が六十二版を重ねたことが示すように、革命後、貴族にかわって時代の主役になった都市の上流市民層は食については貴族のあり方をモデルにした。帝政と共和制を経て社会構造を変革したフランスだったが、十七世紀に始まるフランス宮廷で育まれた高級料理と菓子による栄華は、上流市民層によって支持されて新たな発展期を迎える。カレームを料理人と菓子職人の「王」と称することは、過ぎ去った王政を文化遺産として追慕する上流市民層の嗜好に適合したと思われる(93)。

一方、ナポレオン戦争から普仏戦争、ドイツ帝国成立までのドイツは、国の統一と民族のあり方を模索した時期である。前出のフリードリヒ・ヴィルヘルム四世がザルツヴェーデルのバウムクーヘンを賞味したのは一八四一年とされ、プロイセン王に即位した翌年である。フリードリヒ・ヴィルヘルム四世が、郷土の菓子であるバウムクーヘンを推奨することをことさら意識していたという側面があったことは十分に考えられる。コットブスのグロッホの店が宮廷御用商人になるのはヴィルヘルム一世の治世末期の八六年だが、この称号はほかの菓子店とは別格であることを意味した。王がめでることでその菓子が王になるという構図には、対抗するフランスに料理と菓子の「王」がいたという下地があったと思われる。

また本章第1節の項「ドイツの製菓業小史」で参考にした『菓子職人のための教本』では、バウムクーヘンが「菓子の王」と呼ばれるゆえんを次のように説明する。

> バウムクーヘンは、その贅沢な特性とその豪華さ、装飾的な外観から「菓子の王」と呼ばれる。そのためにドイツの菓子連盟の紋章のシンボルになっている。[94]

このバウムクーヘンの「贅沢な特性」とは、具体的には専用のオーブンを使って火の具合を見ながら、つききりで焼き上げるという焼成法にある。またバウムクーヘンは大型の菓子である。筆者が二〇〇四年にベルリン郊外のポツダムの菓子店ラビーンの工場を見学したときのことを参考にすると、ドイツのバウムクーヘンの標準的な大きさはおよそ長さ一メートル、直径二十センチ内外だと思われる（写真2―7）。また第1章でもみてきたように、バウムクーヘンは中世以来祝祭の菓子として焼かれ、食卓の装飾物でもあったために砂糖衣やチョコレートで装飾されることが多い。装飾が施され、大きく堂々としたバウムクーヘンの姿から「菓子の王」と呼ばれるというのである。

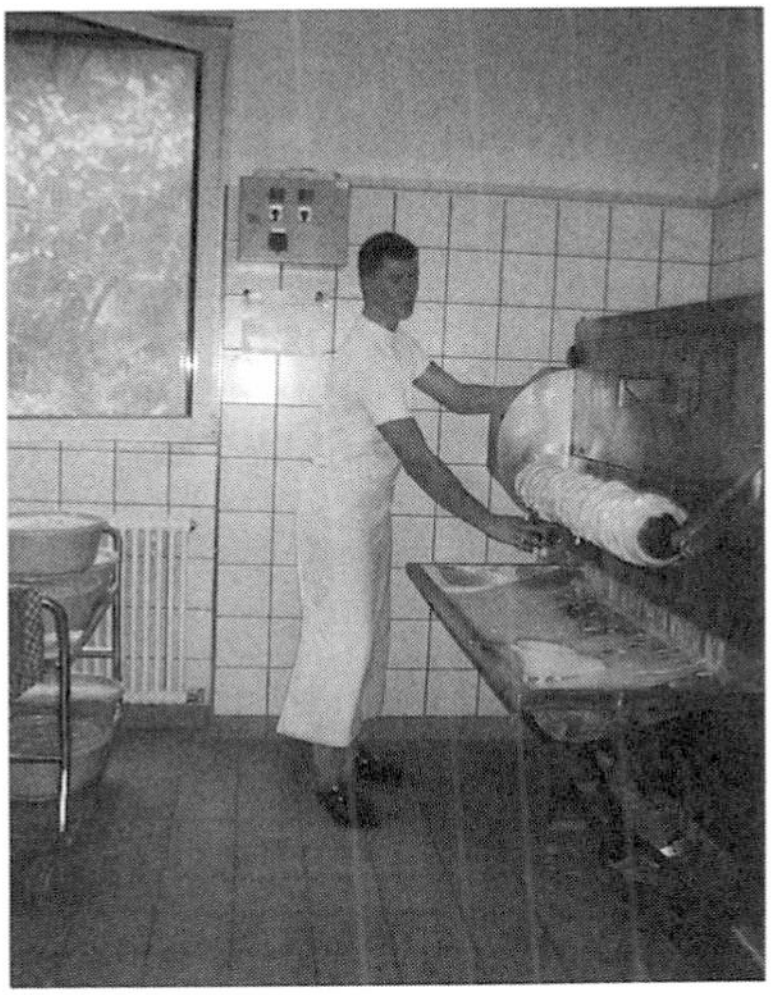

写真2-7　ポツダムの菓子店ラビーンのバウムクーヘン工場。バウムクーヘンオーブンが6台稼働していた（2004年11月に筆者撮影）

しかしながら、クラウスの『美しい焼き菓子年代記』では「菓子の王」である理由を次のように説明している。

> バウムクーヘンに関しては、しばしば「王様の

焼き菓子」という概念が使われてきた。このことはバウムクーヘンの背が高い装飾的な形態とだけに関連しているのではない。むしろ、その――過去の――困難な作り方で説明される。[95]

クラウスがいう困難な作り方とは、心棒を回転させながら焼くという煩雑さだけではなく、火力の調整という気の抜けない作業を意味する。火力の調節は生地の芯まで火を通すこととバウムクーヘンの仕上がりの美しさ、つまりムラがない美しい焼き色をつけるための重要な製造過程である。ただ、これはいわば前提であって、火の前に立って一つの層が焼き上がると次の層を作るために生地をかけるという作業こそが重要で、その作業を正しくおこなわないと生地が落下する。それに前項でも述べたように、火の前の作業が菓子職人の健康をむしばむことは菓子職人の間では知られたことだった。しかしそれだけではない。レシピをみるとわかるのは、大型菓子のための材料の量の多さである。直径十八センチから二十センチで長さ一メートル内外という標準的な大きさのバウムクーヘン一本のおおよその分量はバター二キロ、砂糖二キロ、卵黄一・八キロ、粉類二キロ、卵白二・四キロである。これらの材料を計量して運んで混ぜ合わせるという作業のすべては、二十世紀初頭までほとんどが人の手でおこなわれていた。これを「腕前、忍耐力そして腕力が前提とされた」とし、このことがバウムクーヘンを「王様の焼き菓子」にしているとクラウスは前述の文章に続けて述べる。[96] すなわち、「腕前」はいい生地を作ってその焼き上がりを見極める技術と経験であり、「忍耐力」は集中力を切らすことなく単純な作業を遂行する気力であり、「腕力」はそれらを支える体力である。これに付け加えなければならないのは親方としての力量である。薪を足し、火加減に合わせて心棒を回す速度を変えながら生地を焼き重ねていく焼成には、それを支える人手が必要だった。自分の手足になって薪寄せや生地の移動など諸々の作業をこなす下働きの職人を育てて束ねるためには情と理を併えた親方であることが求められるのは、いつの時代にも変わらないことである。

王がめでたから菓子の王なのか、その姿が堂々として美しいから菓子の王なのか、製造現場で職人としての力量が求められるからそう呼ばれるのか。答えは、ドイツ菓子連盟の商標にバウムクーヘンが使われていること、そしてバウムクーヘンがマイスター試験の実技科目に指定されているという事実にある。つまり、菓子職人たちがバウムクーヘンの製造を菓子職人の力量と示す仕事と考えているからである。前節で取り上げたバウムクーヘンの定義が菓子職人の倫理を問うものであるのもこのためだと思われる。

まとめ

バウムクーヘンは十八世紀末には都市の料理人が焼いていた。当時、バウムクーヘンは料理人の技量の優秀さを示す菓子という存在だった。ナポレオン戦争後にプロイセンで実行された改革によって営業が自由化されたという社会状況の変化を背景に、バウムクーヘンはプロイセンのコットブス、ザルツヴェーデルで専門店が創業される。その創業はコットブスでは路上での小売りと発送から始まり、ザルツヴェーデルでは宮廷料理人の祖父ガルベスのレシピを孫娘のレンツがレストランで再現するという経緯だったが、このことは、バウムクーヘンが特別な日のための注文菓子だけではなく、もっと頻繁に買える菓子になる出発点である。十九世紀の後半以降、ドイツは経済的な発展を背景に都市部の賃金労働者が増大し、次第に彼らが菓子を食べる楽しみを生活習慣として取り入れるようになって製菓業が発展する。プロイセンの地方菓子だったバウムクーヘンだが、ザルツヴェーデルのバウムクーヘンは一八四一年にフリードリヒ・ヴィルヘルム四世がザルツヴェーデルを訪れた際に賞味したこと、さらにコットブスのバウムクーヘンは八六年にヴィルヘルム一世から宮廷御用商人を授与されたことによって、地方菓子から全ドイツ的な菓子への道が開ける。

しかし、ドイツ菓子界は十九世紀後半でもフランスの模倣から抜けきれていなかった。ドイツ菓子が独自の製法を確立するための基盤が整ったのは一八七〇年に出版された『ドイツ菓子全書』によってだった。同書にはバウムクーヘンは記載していないが、二十年後の九〇年に刊行された『料理技能の百科事典』にはバウムクーヘンの解説があって、九八年出版の『菓子職人事典』にはベルリン風とマルデブルク風というバウムクーヘンの記述があることから、バウムクーヘンがプロイセンの地方菓子から全ドイツ的な菓子になったのは一九〇〇年前後だとわかる。また、一八九〇年度版の『料理技能の百科事典』と一九〇四年に出版された『挿絵入りの料理書』のバウムクーヘンのレシピの解読からは、メレンゲの固さは重要視しているもののバターの扱いは十八世紀のやり方を踏襲していて、十九世紀のバウムクーヘンは完成にはいま一歩及ばず、完成直前期だったことがわかった。

ドイツ菓子が独自の製法を確立して全盛時代を迎えるのは一九二〇年代である。当時のドイツでは、アートとテクノロジーの統一を唱えたバウハウスのモダン・デザインの考え方が工業製品から日用品にまで影響を与えていた。美術工芸も学んだ菓子職人ラムブレヒトは、バウハウスの理念に触発されて菓子業界向上のために専門学校を設立する。二七年に開校した彼の学校はのちにヴォルフェンビュッテル製菓学校と通称名を改めてドイツ菓子連盟認定の国立製菓学校になる。モダン・デザインの理念は、菓子を構造として捉えるというドイツ菓子独自の手法を生む背景であった。この時期にはバウムクーヘンは小型化されて、卓上の専用焼成器具が作られる。モダン・デザインの影響を受けたドイツ菓子ではバウムクーヘンは特別な菓子ではなく、菓子を構成する生地の一つとして扱われるようになった。そしてドイツ菓子の技術の発達は伝統的な配合にとらわれていたバウムクーヘンの製法を改めることになり、〇〇年初頭には現在のバウムクーヘンが完成する。

一九三〇年代に小型化されて日常的に焼く菓子になったバウムクーヘンだったが、大型のバウムクーヘンは生き残った。三四年ごろにはドイツ各州の同業組合印がそれまで使われていたミツバチの巣箱からバウムクーヘンになった。(97) 大型のバウムクーヘンが廃れなかった要因は、菓子自体が内包する特有の性質によると思われる。その性質とは、バウムクーヘンが中世以降、砂糖細工を施して祝宴に飾る晴れがましい菓子だったこと、さらに火を操りながら焼成するという製法は熟練を要するもので、それが職人魂を鼓舞し、顕示したことによる。モダン・デザインの影響を受けたドイツ菓子だったが、そのシンボルになったのは近代の合理的な考え方から生まれたトルテではなくて、前近代的な焼成法で製造するバウムクーヘンだった。「菓子の王」と称され、その定義が具体的な規範ではなく職人倫理を問うものであることもまた、バウムクーヘンの前近代性を反映していると思われる。

しかしバウムクーヘンが内包する前近代性は、発達史をさかのぼると次のことがわかる。バウムクーヘンの前近代性が火の前に立って生地をかけながら焼成する方法にあるならば、その源は第四期のシェルハンマーの卵入り液体生地にある。そして生地をかけながら焼くという行為は多分に「遊び」の要素があったと思われる。つまり、家庭内の「遊び」が菓子職人の腕前を示す「熟練の技術」へと転換されたのである。古代ギリシャの異端のパンは中世から十六世紀には宴会料理として、いわば表舞台に立つ菓子になる。高名な料理人によって作られるようになった串焼き菓子だったが、この菓子は家庭で作り始められた「遊び」を伴う菓子へとあっさりと移行する。異端のパンが宴会料理になる食べ物の意味の転換、そして権威ある料理人の手から家庭内の菓子へという食べ物の立場の転換、さらにアマチュア的なものから職業的なものへの転換、これらの転換は反転ともいうべき変化である。

注

（1）Hahn, op. cit., S. 409 ff, 410.

（2）Josef Loderbauer, *Das Konditorbuch: in Lernfeldern*, Dr. Felix Büchner / Handwerk und Technik, 2009, S. 7 ff.

（3）舟田詠子「レープクーヘン」『世界の食べもの テーマ篇15 菓子の文化』（「週刊朝日百科」第百三十五号）、朝日新聞社、一九八三年、一四―一二一ページ

（4）前掲『菓子たちの道しるべ』三三―三四ページ

（5）十一世紀以降の西ヨーロッパでの砂糖の用途については、シドニー・W・ミンツ『甘さと権力――砂糖が語る近代史』（川北稔／和田光弘訳、平凡社、一九八八年）一五九―一六二ページで詳しく述べている。それによると、それ

ぞれの用途の区別は難しいとしながらも、砂糖の用途は医薬品、香料、装飾用素材、甘味料、保存料があったとする。医薬品なので薬種業で取り扱った。

（6）コンフェクトは中世ラテン語で仕上げるという意味。國原吉之助『古典ラテン語辞典』大学書林、二〇〇五年

（7）前掲『甘さと権力』一八四ページによると、十六世紀のイギリスの料理本にはすでにマルツィパン（英語ではマジパン、つづりはドイツ語と同様）に似たものの作り方がみられるという。マルツィパンは十七世紀中ごろ以降、ドイツのリューベックのものが高品質のものとして知られる。フランスはパート・ダマンドと呼ばれるが、ドイツのマルツィパンとは製造法が異なる。このことからマルツィパンはドイツ国内で発達してきたことがわかる。

（8）同書一七四―一九二ページ。砂糖細工の展示品は十三世紀のフランスでは定着していて、その後すぐにイギリスにも伝えられたとしているが、ローダーバウアーの『菓子職人のための教本』には十七世紀からという記述しかない。Loderbauer, *op. cit.*, S. 8.

（9）これは宴会の食事の提供スタイルの変化が要因だともいわれる。十八世紀までは宴会では各コースで提供される料理を一度にテーブルに並べて供するフランス式のサービス方法をとっていたが、十九世紀になるとフランスをはじめヨーロッパの宴会は、料理を一品ずつ運んで供するロシア式サービスに移行する。これに伴い、テーブルの中心に置く立体的な砂糖細工は不要になった。前掲『食卓の歴史』二四六―二四七ページなど。また、宴会の場が王侯貴族の城や屋敷からホテルやレストランへと移っていったこともその背景と考えられる。河田勝彦『古くて新しいフランス菓子』日本放送出版協会、二〇一〇年、三二ページ

（10）前川道介『愉しいビーダーマイヤー――19世紀ドイツ文化史研究』（クラテール叢書）、国書刊行会、一九九三年、二七ページ

（11）南直人『ヨーロッパの舌はどう変わったか――十九世紀食卓革命』（講談社選書メチエ）、講談社、一九九八年、八七―八八ページ

（12）若尾祐司／井上茂子編『ドイツ文化史入門――16世紀から現代まで』昭和堂、二〇一一年、一九八ページ

（13）前掲『愉しいビーダーマイヤー』二七―三二ページ、Loderbauer, *op. cit.*, S. 10.

（14）Loderbauer, *op. cit.*, S. 10.

(15) Hahn, op, cit., S. 412.
(16) Ibid., S. 415.
(17) “Conditorei & Café Lauterbach - Cottbus.” (https://www.lauterbach-cottbus.de)［二〇二〇年五月二十五日アクセス］
(18) “Cottbuser Baumkuchen Manufaktur.” (https://www.cottbus.de/wissenswert/tradition/cottbuser_baumkuchen.html)［二〇二〇年五月二十五日アクセス］
(19) 金井和之「バウムクーヘンをたどって3」「朝日新聞」二〇一四年一月二十九日付
(20) Hahn, op, cit., S. 415.
(21) “Erste Salzwedeler Baumkuchen Fabrik.” (http://Baumkuchen-salzwedel.de)［二〇二〇年五月二十五日アクセス］
(22) “Baumkuchen aus dem Café Kruse.” (https://Baumkuchen-kaufen.de)［二〇二〇年五月二十五日アクセス］
(23) “Salzwedeler Baumkuchen GmbH.” (https://baumkuchen-saw.de)［二〇二〇年五月二十五日アクセス］
(24) “Konditorei Kreutzkamm | Kreutzkamm.” (https://kreutzkamm.de/)［二〇二〇年三月二十八日アクセス］
(25) 岩村等／三成賢次／三成美保『法制史入門』ナカニシヤ出版、一九九六年、一四〇―一四三ページ
(26) 柴田書店編、安藤明技術監修『ドイツ菓子大全』柴田書店、二〇一二年、四四―五二ページ。ただし、レシピについては安藤個人の解釈であると明記してあり、現地のレシピを検証したものではない。
(27) 前掲『ドイツ文化史入門』一九六―一九九ページ
(28) しかし、クルップ社の例はあくまで大手企業の上層労働者の例である。南直人は、十九世紀後半からの労働者の食生活について二十世紀初頭の一九〇七年と〇八年のドイツ帝国統計局が実施した調査を例に挙げ、品質が劣る肉やマーガリンで家計を切り詰める実態を記している。同書二〇四―二〇九ページ
(29) E・ヨーハン／J・ユンカー『ドイツ文化史――1860-1960』三輪晴啓／今村晋一郎訳、サイマル出版会、一九七五年、三五ページ
(30) Hahn, op, cit., S. 415-416.
(31) カール・クラックハルトは一八三七年にヴァルメスキルヒェで生まれ、十四歳で菓子職人になってヨーロッパ各地

の宮廷で修業をし、アメリカでも働いた経験をもつ。彼の『製菓全書』はドイツの地方菓子や宮廷菓子を集成し、それまで秘伝や口伝だった製菓技法を明確な分量で記した最初の菓子書とされる。前掲『菓子たちの道しるべ』一〇一―一〇二ページ

（32）Hahn, op. cit., S. 416.

（33）*Universal=Lexikon der Kochkunst*, 1. Band A-K, Leipzig Verlagsbuchhandlung von I.I. Weber REPRINT-VERLAG-LEIPZIG, 1890. これ以降、本文での引用はすべて同書による。

（34）Hahn, op. cit., S. 414.

（35）Mathilde Ehrhardt, Buchgesehen von Mathis. A., *Illustriertes Kochbuch für den einfachen bürgerlichen und den feineren Tisch*, Verlagsdruckerei Merkur, 16, 1904. これ以降、本文での引用はすべて同書による。

（36）この場合の市民的とは、中小の企業主や自営農民や商人など小資産をもつ自営業者などの層のこと。

（37）アーモンドはバラ科の植物の実だが、スイートアーモンド（甘種）とビターアーモンド（苦種）がある。普通食用にされるのはスイートアーモンドである。ビターアーモンドは野生種とされ、その苦味には少量ながらアミグダリンという青酸化合物が含まれ、一定以上とると有害である。現在では苦味がある独特の風味を生かして香料に使われる。

（38）溶かしバターの上部の黄色の透明な部分が澄ましバターで、これは純度が高い乳脂肪の層である。そのため澄ましバターは焦げ色をつけるタンパク質や糖質をほとんど含まないので、焼き色がつきにくい。薄いクレープを焼く場合に用いられる手法である。前掲『お菓子「こつ」の科学』一四〇ページ

（39）押尾愛子『お菓子の国から』青玄社、一九八六年、一三二―一三五ページ。押尾は一九八〇年から三年間、ユーハイムのドイツ店に勤務した。同書には当時のドイツ菓子の様子が生き生きと描いてあり、二〇年代が現在のドイツ菓子の完成期と述べている。

（40）前掲『洋菓子の世界史』二六六―二六七ページ

（41）前掲『お菓子の歴史』二五三ページ、前掲『古くて新しいフランス菓子』一八―一九ページ、など。

（42）一九〇三年にウィーンで生まれた美術運動分離派の集団であるウィーン工房の影響を受けて〇七年に結成されたドイツ工芸連盟が、ドイツのモダン・デザインの出発点とされる。海野弘『モダン・デザイン全史』美術出版社、二〇

○二年、一一五―一二四ページ

(43) 日本の洋菓子では、現代の食品衛生法によって生菓子は水分を三〇パーセント以上を含むもの、半生菓子は水分を一〇パーセントから三〇パーセント含むもの、水分が一〇パーセント以下のものは焼き菓子と区別している。厚生省生活衛生局食品保健課監修『製菓衛生師全書――和洋菓子・パンのすべて』日本菓子教育センター、一九九九年、四二―四三ページ

(44) 前掲『お菓子の歴史』二六六ページ

(45) それまで装飾は本章第1節の項「ドイツの製菓業小史」で述べたように砂糖細工でおこなわれていた。バタークリームを使ったデコレーションの歴史は浅く、前掲の『お菓子の歴史』が明記しているのは二六二ページにある十九世紀末とされるルリジューズについての項でだ。

(46) 一九九〇年代以降は、フランス菓子でも菓子の構成の解説を取り入れるようになっている。

(47) 同校はヴォルフェンビュッテル製菓学校あるいはベルンハルト・ラムブレヒト・シューレとも呼ばれ、ドイツ菓子連盟（ＤＫＢ）認定の国立製菓学校とされた。第二次世界大戦中は一時閉校したが、一九四八年には再び開校した。ドイツ菓子が世界的に影響力をもった七〇年代は、多くの日本人菓子職人がここで学んだ。二〇〇五年三月に閉校している。

(48) Jörg Königsdorf, "Sahnestreif am Horizont," *Der Tagesspiegel*, vom 22, März 2008, Online-Ausgabe. (https://www.tagesspiegel.de/gesellschaft/geschichte/zuckerbaecker-sahnestreif-am-horizont/1193622.html)［二〇二〇年二月二十四日アクセス］

(49) 前掲『モダン・デザイン全史』を参考にした。バウハウスについては同書一七七―二一五ページ。

(50) 前掲『ドイツ文化史』一五四ページ

(51) バウム・ウント・バウム BAUM u. BAUM は神戸市灘区友田町にあるバウムクーヘン専門店。

(52) J. M. Erich Weber, *250 Konditorei - Spezialitäten und wie sie entstehen*, Internationaler Konditorei-Fachverlag, 1934. これ以降、本文での引用はすべて同書による。

(53) *Ibid.*, S. 3.

（54）米や糖蜜などから作る蒸留酒。

（55）小麦粉には一〇パーセント前後のタンパク質と二パーセント前後の脂質を含んでいて、水気を帯びた状態で保存されたものは焼き上がりに影響があると思われる。特にヨーロッパの小麦粉は灰分が多いので黒ずんだ色に仕上がる可能性が考えられる。

（56）前掲『ドイツ菓子大全』三八―三九ページ、注（68）で後述するドイツの官報（ＧＭＢｌ）にある「良質な生活、製パンのための指針」による。

（57）Krauß, *op. cit.*, S. 195.

（58）Hahn, op. cit., S. 409.

（59）一九九四年四月創刊のドイツに住む日本人のための情報誌。ドイツの政治、経済、社会のニュースなどを掲載している。

（60）坪井由美子「本場ドイツのバウムクーヘンを味わおう」「ドイツニュースダイジェスト」千十一号、ドイツニュースダイジェスト、二〇一五年（http://www.newsdigest.de./newsde/features/7294-baumkuchen）［二〇一九年十一月二十八日アクセス］

（61）「国立菓子協会」という名に該当するものは見つけることができず、「ドイツ菓子手工業連盟」がそれに近い団体と考えられる。同連盟に加入するユーハイムの広報に尋ねたところ、同連盟にはバウムクーヘンに関する規定は見当たらないことだった。

（62）"Leitsätze für Feine Backwaren," vom17./18. September 1991(Beilage Nr. 86 b zum BAnz. Vom 8. Mai 1992, GMBl. Nr. 17 S. 325 vom 8. Mai 1992), zuletzt geändert am 08. 01. 2010 (BAnz. Nr. 16 vom 29. 01. 2010, GMBl Nr. 5/6, S. 120ff. vom 04. 02. 2010).

（63）前掲『ドイツ菓子大全』三九ページ

（64）前掲『ナチスのキッチン』二八五ページ

（65）Dr. Oetker, *Apfelkuchen: Torten, Kuchen, Kleingebäck*, Ceres Verlag, 1998.

（66）序章で取り上げたザッハーが創作したとされるザッハートルテがその代表。

(67) 製菓用のチョコレートはクーベルチュールチョコレートと呼ばれ、国際食品規格委員会の発行物 CODEX STAN 87-1981.Rev.1-2003. で「総カカオ固形分三五パーセント以上、カカオバター三一パーセント以上、無脂カカオ固形分二・五パーセント」という規格が定められている。しかしながら二〇〇三年八月四日のＳＷＩ（www.swissinfo.ch）「規制緩和でゆれるチョコレートの味」によると、欧州共同体（ＥＵ）は同年八月三日にカカオバター以外の植物油脂の五パーセントまでの使用を認めた。なお、カカオ分の含有量の基準が低く抑えられ、脂肪分の含有も認められたものは準チョコレートとされる。

(68) Loderbauer, *op. cit.*, S. 11.

(69) 前掲『味覚の歴史』一五―一一六ページ、前掲『美食の文化史』一〇七―一五四ページ

(70) ドイツ菓子で重用されるマルツィパンは模倣菓子という側面をもつ。前掲『菓子たちの道しるべ』二六―二八ページ。マルツィパンで作った本物そっくりのハムやソーセージ、果物などは、リューベックの菓子店ニーダーエッガーにみられる。

(71) ウィートンの前掲『味覚の歴史』二二一―二二三ページによると、『パリの家政書』に記載されているという。ルヴェルの前掲『美食の文化史』一四一―一四二ページには、十四世紀ドイツのヴァイセンフェルでのザイツ司教のための祝宴メニューの一部を紹介している。本文に紹介したものと同様に三つのコースで構成している。

(72) 前掲『味覚の歴史』二二一―二二四ページなど。

(73) デザートはデセルヴィール desservir からできた言葉。

(74) 前掲『味覚の歴史』二四―二七ページなど。

(75) 前掲『甘さと権力』一七四―一八四ページ。ただし、ミンツはあくまで砂糖細工の食べられる装飾品だけの記述で、模倣料理という観点からの記述はない。

(76) 前掲『味覚の歴史』八五―八七ページ

(77) 本章第1節の項「ドイツの製菓業小史」につけた図2―3・2―4がフランスの菓子職人アントナン・カレームが製作したピエス・モンテの下絵である。

(78) アウフザッツは現在では上部の飾りというような意味だが、Tafelaufzatz という言葉にテーブル飾りとして意味が

残っている。「バウムクーヘンの系譜」の四一五―四一六ページには、一八五四年のベルリン職業評議会指定のマイスター試験の課題に「ふさわしい食用の飾りをもつバウムクーヘン」が含まれていたと記されている。Hahn, op. cit., S. 415-416.

(79) Krauß, *op, cit.*, S. 187.

(80) *Ibid.*, S. 185.

(81) 前掲『美食の文化史』三三ページ

(82) ポール・フリードマン編『〈世界〉食事の歴史――先史から現代まで』南直人/山辺規子監訳、東洋書林、二〇〇九年、六五ページ

(83) 前掲『キッチンの歴史』一一九ページ

(84) フランス中部のベレに生まれてリヨンで法律を学び、弁護士になる。フランス革命時にはヴェルサイユの憲法議会の会員を務めるが、一時王党派と見なされて海外に亡命した時期もある。一八一二年以降は中央政府の高級官僚として過ごす。この間に書いたのが『美味礼讃』である。同書は調理科学だけではなく、食生活が人生にどのような影響を及ぼすかにも言及していて、美味学という概念を定義した。第2節の項「二十世紀初頭のモダン・デザインの影響」で取り上げたカレームの著書は料理人や菓子職人のための料理書、菓子書だが、サヴァランは食べることを包括的に論じていて、当時のフランスの上流階級の食のあり方を知ることができる。

(85) ブリア゠サヴァラン『美味礼讃』上、関根秀雄/戸部松実訳(岩波文庫)、岩波書店、一九六七年、二四ページ

(86) ユーハイム編『デモ私 立ッテマス――ユーハイム物語』ユーハイム、一九六六年、七四ページ

(87) Loderbauer, *op. cit.*, S. 11.

(88) 前掲『古くて新しいフランス菓子』一〇ページ、千葉好男『お菓子とフランス料理の革命児――ぼくが伝えたいアントナン・カーレムの心』鳳書院、二〇一三年、八三ページ

(89) イアン・ケリー『宮廷料理人アントナン・カレーム』村上彩訳、ランダムハウス講談社、二〇〇五年、二六五ページ。同書によると、紀行作家の名はアイルランド出身のレディ・モルガンで、このくだりはフランスの美食文化を題材にした著書『1929年のフランス』(Oriel Press、一九七一年)にあるとされる。

（90）前掲『宮廷料理人アントナン・カレーム』一五二―二二六ページ、前掲『お菓子とフランス料理の革命児』一二一―一二九ページ

（91）料理書や菓子書も多数出版される。代表的な菓子書に一七五〇年出版のムノン『メートル・ドテル兼砂糖菓子職人の知恵』がある。

（92）シャルル・モーリス・ド・タレーラン＝ペルゴールは第一帝政時代には外務大臣を務め、カレームの料理と菓子で豪華な晩餐を主催したことで当時のフランス高級料理をヨーロッパに知らしめた。

（93）カレームが築き上げた近代フランス料理と菓子の系譜は、二十世紀初頭のオーギュスト・エスコフィエ、二十一世紀のガストン・ルノールまで連綿と続いている。

（94）Loderbauer, *op, cit.*, S. 11.

（95）Krauß, *op. cit.*, S. 192 ff.

（96）*Ibid.*, S. 193.

（97）Hahn, op, cit., S. 416.

第3章　日本での転成

本章では舞台を日本に移す。バウムクーヘンは一九一九年にドイツ人菓子職人によって日本に導入されるが、やがて本国ドイツでよりも親しまれる菓子になって、のちに菓子としての大きな転換期を迎える。

本章では日本の洋菓子界でバウムクーヘンが果たした役割を明確にするために、第1節「明治以降の洋菓子導入の軌跡」で明治時代以降の洋菓子の導入過程を明らかにし、そのうえで第2節「本場の味から日本の味へ」でバウムクーヘンの導入と受容を追う。バウムクーヘンは一九六〇年代の高度経済成長と歩調を合わせるようにして受け入れられていくが、その後は国産の専用オーブンの普及によって大量生産が可能になり、手軽で安価な菓子になっていった。七〇年代から八〇年代の日本の洋菓子界は、ヨーロッパで修業を積んだ菓子職人たちが帰国して腕を競ったことによって、技術が目覚ましく発展した時代である。そして九〇年代には、ヨーロッパでおこなわれる有名な菓子コンクールに日本人が入賞することも珍しくなくなる。それまではヨーロッパの味を再現することを目指していた洋菓子界だったが、ヨーロッパの製菓技術を自家薬籠中のものとした菓子職人たちは「本場の味」にこだわることなく、自分がおいしいと思う菓子を作るようになる。このとき彼／彼女らが手がけた菓子がバウムクーヘンだった。この「日本製バウムクーヘン」誕生の背景には焼成時の温度調整機能が内蔵されたバウムクーヘンオーブンの開発があった。バウムクーヘン製造の核心である焼成技術が機械化されたことは、バウムクーヘンという菓子のあり方、さらには菓子職人の職務にも変化をもたらしている。

1　明治以降の洋菓子導入の軌跡

バウムクーヘンが日本に紹介されて受容される過程をたどる前に、明治時代から二〇一〇年までの日本洋菓子史についてみておきたい。一八六八年から一九一二年までの明治時代、一二年から二六年までの大正時代、そして七〇年までは大きな時代区分で追っていくが、七一年以降は七二年から九一年まで、九二年から二〇一〇年までに区分する。なぜなら、一九七〇年の大阪で開催された日本万国博覧会以降、日本の洋菓子界は二十年単位で潮目が変わっていくからである。

明治時代——洋菓子導入期

菓子を和菓子と洋菓子に分けるようになったのは明治以降である。[1]一五四三年にポルトガル人が種子島に漂着し、これを契機にポルトガル船が九州に寄港するようになり、八四年にはスペイン人も平戸に来航して日本との貿易が始まった。このときにポルトガルやスペインから伝わったのが、現在のカステラに代表される「南蛮菓子」である。その後、一六四一年に江戸幕府は長崎の出島に外国船の寄港を集約するという鎖国政策を敷く。このとき交易が許されたのはオランダと中国だった。[2]厳密にいうと日本ではポルトガルとスペインは南蛮、オランダとイギリスは紅毛と区別していたが、菓子に関しては南蛮・紅毛から伝わったカステラ、コンペイトー、ボーロなどを総称して南蛮菓子と呼んでいる。[3]当時は肉食は禁忌であり、[4]鶏卵も基本的には食べていなかった。菓子に卵と砂糖を用いるようになり、菓子が甘くなったのは南蛮菓子の影響である。[5]明治維新以降に本格的に欧米から菓子が流入し、国産の菓子と区別して西洋菓子と呼ばれるようになる過程については『日本洋菓子史』[6]に詳細な記述がある。

『日本洋菓子史』によると、明治維新による開国以降の洋菓子の導入には大きく分けて次の三つの経路があった。

第一に、政府主導の経路である。一八六八年(明治元年)に明治天皇の東京行幸で東上した大膳職の村上光保は、当時外国人居留地があった横浜八十五番館でホテルと菓子店を経営していた料理人兼菓子職人でフランス人のサミュエル・ペールに師事してフランス料理と菓子を学び、宮中にそれらを持ち込んだ。[7]村上は七四年に在職のまま、妻モトの名で東京・麴町に村上開新堂という洋菓子店を開業する。八三年に建てられた鹿鳴館、そして九〇年に開業した帝国ホテルで用いた洋菓子は、村上開新堂が製造して卸したものである。

第二の経路は、民間の和菓子屋が後継者を欧米に留学させて切り開いたものである。一七五三年来の老舗和菓子屋・凮月堂から暖簾分けが許されて独立した米津松造は、米津凮月堂を名乗り、一八八四年に次男の恒次郎をアメリカに留学させる。恒次郎はアメリカで二年間食品衛生学を学び、その後は主にフランスとイギリスを中心に四年あまりヨーロッパに滞在し、そこでパリの菓子店に魅せられる。第2章第3節の項「「菓子の王」の意味」でみたように、当時のパリの菓子店は上流市民を顧客にもつ華やかな存在だった。フランス菓子を手本にすることに決めて帰国した恒次郎は、サブレとマロングラッセとシュークリームの販売を始める。米津凮月堂には九六年に門林弥太郎が入社し、彼はその後の日本洋菓子界を牽引する多くの弟子を輩出する。さらに米津凮月堂は九七年に初めて暖簾分けした神戸凮月堂を皮切りに、東京だけでなく横浜や大阪や長野などの各地に支店を出して洋菓子の技術を広める。[8]

第三の経路は、一八九六年に欧州航路を開いた日本船舶の調理部で欧米の菓子の製造を学んだ天田金吉と橋倉弘安に始まる系譜である。[9]彼らはのちに街場で自身の店をもって多くの弟子を輩出し、日本の洋食と洋菓子の普及の一端を担う。

このほかに一八七二年に開業した西洋料理店兼ホテルの精養軒や、七三年に開業する横浜グランドホテルに始まる系統があるが、そもそもホテルでは調理部が主要であり、製菓が独立して機能するのは実質的には一九六二年のホテル・オークラの開業以降である。ホテルは明治時代の洋菓子導入期には影響力をあまり及ぼしてはいない。

さらに明治時代に導入された洋菓子には、アメリカに学んだ工場生産の菓子がある。アメリカは製菓の分野でもいち早く工業化が進んでいた。アメリカから工業菓子を初めて導入した森永太一郎は一八八八年に渡米してキャンディーなどの製造法を身につけた。[10] 森永は帰国後、自前の店をもつという商法ではなく、工房で作った菓子を菓子店に卸すというやり方で身を起こす。のちに工場で菓子を大量生産する工業菓子を広めて、一九一二年（大正元年）には森永製菓になる。

洋菓子の製造を支える材料の供給についてみるならば、一八七九年に八丈島で初の国産バターが作られるようになり、[11] 九六年には日本製粉と日本精糖が創業するなどして、洋菓子生産の環境が整っていく。[12]

以上のように、日本への洋菓子の導入は宮内省の大膳職系、そして民間の米津凮月堂系と日本船舶の海外航路の調理部系に大別される。[13] ほかにアメリカの工業菓子に範をとって菓子メーカーに成長する森永製菓と明治製菓がある。これらは菓子職人が作る小規模な洋菓子業界とは業態が異なるために本論文では別の分野とする。[14]

大正時代——ヨーロッパ本場の味の上陸

明治時代の日本の洋菓子は、主に在日の外国人、または欧米の生活様式を身につけることを求められた階級の人々のためのものだった。[15] 明治時代も後半になると衣・食・住の生活文化が都市を中心に西洋風になるが、洋服や洋食が広く国民生活に行き渡ったのは大正時代以降である。製糸業と紡績業という軽工業から始まった日本の近代産業は日露戦争で重工業へと移行して製鉄・造船などが発展し、産業資本が充実して都市を中心に賃金労働者が増えた。故郷を離れて都市に出て働くようになった人々が新しい社会階層を形成し、なかでもホワイトカラーと呼ばれる会社員は西洋化された生活様式を求めた。[16]

前述の米津松造が洋菓子製造に乗り出すきっかけになった逸話に次のものがある。[17] 明治のはじめごろのこと、いただきもののビスケットをバタークさいと言って食べずに仏壇に上げておいたところ、幼い子供たちがいつの間にか食べていた。大人がなじめないものでも、先入観がない子供たちはおいしいという。このことがビスケット製造に手を染めるきっかけになったというのである。また、のちに単身アメリカに渡る次男の恒次郎は、幼少にはしかを患ったときにビスケットを食べて栄養をつけ、快癒したと公言していた。この体験が、洋菓子は滋養があるという宣伝文句につながる。[18] このことからわかるように、日本人は明治中ごろまではバターやミルクという動物性の油脂を多く使う菓子になじまなかったため、洋菓子は急激に浸透したわけではない。しかし一九一三年には、前述した森永製菓がミルクキャラメルを発売する。さらに一四年に東京・上野で開催された東京府主催の東京大正博覧会には、ようかん、コンペイトー、カステラに次いで、ビスケットが多く出品された。[19] 一七年には森永乳業の前身である日本練乳と明治乳業の前身である極東練乳会社が創設され、またマーガリンやショートニングといった食用の加工油脂を製造する旭電化工業も設立される。森永製菓は一五年には第二工場を増設し、菓子の大企業になる礎をつくっている。乳製品が全国で受け入れられる時代になったのである。

こうした背景を受けて、前述した米津凮月堂系列の店が洋菓子を広めていく。門倉国輝は米津凮月堂系列の店で修業をし、当時は東京の三田にあった最新のフランス料理と菓子を提供していたとされる東洋軒で腕を振るっていたが、一九二〇年にフランスに渡り、パリの菓子店コロンバンで修業をする。[20] 門倉はフランスで働いた初めての日本人菓子職人である。

このように洋菓子が受け入れられ始めたころの一九一九年に、ドイツ人カール・ユーハイムが日本で菓子職人として働くようになる。そのきっかけは一四年に勃発した第一次世界大戦だった。この大戦で日本はイギリスとフランスの連合国側につき、ドイツの東アジアの租借地だった青島を十一月七日に攻略する。当時の青島にはドイツ軍人が約四千三百人いたとされる。その多くが捕虜になったが、一五年九月には捕虜は軍人だけではなく民間人も含めた二十八人が追加されて大阪俘虜収容所に収容された。そのなかにドイツ人菓子職人カール・ユーハイムがいた。(21)ユーハイムはのちに銀座の喫茶兼菓子店カフェ・ユーロップで菓子職人として働く。そこで本場のバウムクーヘンとドイツ菓子を日本に紹介する。日本でのバウムクーヘンの導入と受容については本章の第２節で扱うことにする。

また、一九一七年のロシア革命も、巡り巡って日本の洋菓子にチョコレートの種を落とす。革命を逃れて国外逃亡を続けていたロシア人マカロフ・ゴンチャロフが二三年に神戸でチョコレート製造を始め、同じくロシア人のフョードル・モロゾフも二六年に神戸で洋菓子店を開業するのである。モロゾフは五一年にコスモポリタン製菓と社名変更し、チョコレートとキャンディーで日本の洋菓子界を啓蒙することになる。

以上をまとめると、大正時代はビスケットとミルクキャラメルに代表される乳製品の風味が受け入れられる基盤が整い、一方でフランスの菓子店で働く日本人菓子職人が現れ、本場の技術を持ち帰った時代だった。そこへ第一次世界大戦とロシア革命の影響で、ドイツからは本場のドイツ菓子が、ロシアからはロマノフ朝下で育まれた菓子が導入される。いわば大正時代は本場の味が上陸した時代だった。

また、洋菓子製造の現場で機械化の動きが始まったことも見逃してはならない。一九二二年にパリから帰国した門倉国輝は、清水製作所の清水利平とともに見よう見まねで国産初の電気オーブンを完成させている。一八年には国産初の菓子型作りを手がける林製作所（一九二九年に林鋳工所となる）が創業したが、同社は門倉と清水の指導の下で製菓用のミキサーの製造にとりかかる。そして同社は四九年に関東混合機工業と社名を改めて、国産初のミキサーを完成させた。先にも述べたように洋菓子作りは力仕事である。きめが整ったいい生地を焼き上げる技術の土台は体力と腕力だった。この時代のミキサーの完成度は低かったものの、これによって洋菓子づくりの大きな障害になっていた力仕事はかなり軽減された。

洋菓子時代の到来——一九二七年から七一年

一九二七年から第二次世界大戦前までの洋菓子界の主な出来事としては、二七年に横浜に開業したホテルニューグランドに初代料理長としてスイス人の料理人サリー・ワイルが就任したことが挙げられる。ワイルは、当時ホテルでの食事を美食に押し上げたオーギュスト・エスコフィエ[22]に傾倒していた。エスコフィエは、第2章第3節の項「「菓子の王」の意味」で取り上げたカレームが確立した近代フランス料理・菓子をさらに推し進め、その体系化と合理化を実現した二十世紀初頭を代表する料理人である。ワイルを通して日本にも当時の近代フランス料理とフランス菓子の技術が入ってくる。彼は約二十年間日本で働き、主に料理人を育てる。ワイルのもとで育った弟子は多く、菓子職人の大谷長吉はその一人である。しかしながら、二三年に関東大震災が起こって多くの店が罹災し、その復興に精いっぱいで大きな動きはない。

一九二七年には金融恐慌が発生し、世界恐慌も重なって経済は混乱する。経済危機を大陸での支配権拡大で解決することを主張する軍部の力は強まり、満州事変を経て第二次世界大戦へと突入する。産業はすべて軍事が優先されるようになり、菓子業界も砂糖や小麦粉、バターの統制が強められていった。このような状況にあって、軍需産業として認められたビスケットや乾パン、それにキャラメルなどは製造が続けられた。三八年に国家総動員法が制定されると、四〇年にはジャム価格統制がおこなわれ、四二年にはシュークリーム類とカスタードクリームを使った洋菓子の製造が禁止され、洋菓子の製造は事実上停止する。

洋菓子に新しい動きが出てくるのは、一九五一年のサンフランシスコ講和会議で平和条約に調印した年である。ワイルの弟子だった大谷は東京・神田に洋菓子店エスワイルを開業した。そこでホテル系のヨーロッパ菓子を提供する。五八年に一万円札が発行されたことが物語るように国民の暮らしは豊かになり、洋菓子の需要は増大する。ただし、すぐに洋菓子が受け入れられたのではない。五六年の調査では「洋菓子と和菓子どちらを食べたいか」という質問に対しては、洋菓子が約六〇パーセント、和菓子が約一〇パーセントだが、「日常食べているのは洋菓子か和菓子か」という項目では、洋菓子は約一〇パーセント、和菓子が約五〇パーセントになっている。[23]洋菓子に憧れはあるが、普段は和菓子を食べているのが実態だった。

一九五九年には皇太子成婚があり、このころから洋菓子店の需要が増え始め、店舗を近代的な造りに改装するところが増えた[24]。六一年には洋菓子を営む経営者団体の全日本洋菓子工業協同組合が設立され、ヨーロッパ諸国の菓子業界で組織する世界洋菓子連盟（ＵＩＰＣＧ）[25]に加盟する。洋菓子界では六二年に開業したホテル・オークラの製菓部にフランス人菓子職人アンドレ・ルコントが就任したことが、日本の本格フランス菓子の幕開けとされる[26]。それまでの日本の洋菓子は、フランスで修業した前項の門倉輝国は例外として、限られた材料を使って日本人の口に合うように工夫して作られた日本風洋菓子が主だった。また、ユーハイムやモロゾフが神戸に持ち込んだ本場の味は現代と比べて保存・輸送などが行き届いていなかったし、全国的に店舗を拡大するなどといった経営体制がしかれていなかったから、本場の味を口にできるのは神戸とその周辺に限られていた。ワイルは、ホテルニューグランドで大谷をはじめ菓子職人も育てるが、主に力を尽くしたのは料理人の育成だった。一方、ルコントは菓子専門の職人として、ホテルが作る菓子の存在感を高めるために呼ばれたのである。彼は日本風にアレンジされた洋菓子ではなく、フランス本国と同じ味の菓子を作ることに専心した。また、それまで限られていた菓子材料の輸入にも力を尽くした。六〇年代にルコントの指導でもたらされた本場の味はホテルで展開され、多くの人材が育っていった。洋菓子を取り巻く新しい動きの気運に押されるかのように、六七年に日本洋菓子協会は第一回ヨーロッパ研修旅行を実施する。これは、洋菓子職人から現地で直接菓子を見て食べたいという要望を受けてのことだった。

一九七〇年に日本万国博覧会が大阪で開催される。これを契機に日本人が世界に目を向けることになった。七一年に日本洋菓子協会連合会が創立する。洋菓子職人で構成する日本洋菓子協会が各県に洋菓子協会を作り、それらをまとめて現在の組織になった。

一九六〇年代後半から七〇年代にかけて、洋菓子店は東京や大阪などの大都市だけではなく、地方都市にも数多くみられるようになっていた。どこの洋菓子店でも売られていたのは、イチゴのショートケーキとシュークリームで、これらは日本人の口に合うように作られた日本風洋菓子だった。一九七〇年代になると、チーズケーキやチョコレートケーキに人気が集まり、日本風洋菓子の種類が増えていく。こうして日本の洋菓子は、黎明の明治時代、本場の味が上陸した大正時代と昭和初期から、第二次世界大戦後の復興期を経て新しい時代に入る。

この時代で見逃してはならないのは、それ以降の菓子製造現場を変える出来事が起こっていることである。それは次の三点である。一九五五年に冷蔵ショーケースが開発されたこと、六〇年の日本菓子専門学校の開校、そして和菓子の分野で、六三年に自動で餡を包む包餡機が開発されたことである。冷蔵ショーケースは菓子の陳列だけでなく、作る菓子の内容を変える。作る菓子が変わると求められる製菓技術も変わる。そうなると、明治以降に主流だった洋菓子の製造技術をもつ親方のもとで修業をして技術を身につけるという方法では時流に取り残されてしまう。菓子職人になりたいのなら、製菓技術を網羅して教える専門学校で学ぶ必要が出てくる。六〇年に日本菓子専門学校が開校し、六九年には大阪府洋菓子高等職業訓練校と京都府菓子技術専門学校が相次いで開校した。そして三点目の、菓子を大量生産する時代の到来を告げる技術の機械化である。本章第1節の項「大正時代——ヨーロッパ本場の味の上陸」で述べたように二九年に国産初のミキサーは完成していたが、六六年には業務用の本格的な泡立てミキサーが完成する。生活が豊かになって菓子の需要が増えると量産が求められる。それが一度に大量に焼くあるいは煮るというような大型化ではなくて、餡を包むという、それまで手仕事と思われていた分野にまで及んだことが注目に値する。和菓子の分野の例ではあるが機械化が、大量に作るという規模の拡大から作業の代行へと進んだのである。

日本人菓子職人の海外飛躍——一九七二年から九一年

一九六〇年代後半から七〇年代にかけての洋菓子の需要の高まりに伴い、日本ではフランスをはじめとするヨーロッパに単身で渡って修業する菓子職人が増えてくる。そして、彼らのなかから製菓技術を競うコンクールに入賞する者が現れる。七一年にフランスのアルパジョン市のコンクールで芳村敏夫が銀賞を受賞したのを皮切りに、七四年には大山栄蔵も銀賞を受賞する。[27] この二つの出来事がヨーロッパで修業する日本人洋菓子職人の飛躍の始まりである。七五年に全日本洋菓子工業会はフランス菓子の講習会だけではなく、当時ヨーロッパの菓子の一翼を担うようになったドイツ菓子の講習会も開く。[28] 日本の洋菓子技術習得の場がフランス一辺倒ではなくなったのは、当時のヨーロッパの菓子の趨勢でもあった。八〇年代にはフランスの菓子技術のコンクールで日本人菓子職人が入賞することはもはや珍しくなくなった。八〇年代後半には、シャルル・プルースト・コンクール[29]などの日本予選がおこなわれるようになる。そうなると、これらのコンクール入賞を足がかりに出資者を募って店を出してもらい、のちに買い戻して独立するという菓子職人が出てくるようになった。このように八〇年代半ばから九〇年までの日本の洋菓子は、フランスをはじめとするヨーロッパの味が広まった時期だった。

一九九〇年代から日本の洋菓子は新しい時期に入る。九一年には新しい時代への幕開けとして象徴的な出来事が起こった。クープ・デュ・モンド・ドュ・ラ・パティスリー[30]（以下、クープ・デュ・モンドと略記）は八九年からリヨン市で開催され、現在最も権威あるコンクールとされているが、九一年の第二回大会で日本チームが優勝を果たしたのである。これは日本の菓子職人の意識を変えた出来事だったと思われる。これ以降、日本の洋菓子には職人オリジナルの新作の菓子が増えてくる。すなわち菓子職人は自らが考えるおいしさを追求するようになる。この大会で優勝したチームのメンバーである杉野英実が作ったアンブロワジーは彼自身が創作した菓子である。九一年は、日本国内でもイタリアのデザート菓子ティラミスが全国的にブームになった年でもある。注目の菓子がテレビや雑誌で取り上げられ、一度おいしいと話題になれば店頭に客が並ぶという現象が起きた。日本の洋菓子は成熟の時代に入ったのである。

一九七一年以降の洋菓子製造の環境を変えた大きな出来事は次の三つである。一つは、七四年に開発されたマイナス四〇度に急速冷凍できるショックフリーザーである。これによって気泡を含んだ軽いクリームを瞬間冷凍できるようになり、独特の軽い食感が可能になった。二つ目は、製菓用オーブンの製造に乗り出す機械製作所が全国で創業されたことである。これらのオーブンの品質は年々上がり、九〇年代には福岡の七洋製作所の南蛮窯のような温度調節機能を内蔵したオーブンが発売された。[31] このオーブンの出現によって、庫内の温度調節という熟練の技がほとんど必要なくなった。日本の菓子職人の技術とセンスがヨーロッパの菓子界と肩を並べるようになったのと時を同じくして製菓を取り巻く技術革新が進んだのである。さらに三つ目は、菓子の保存方法の開発が進んだことが挙げられる。エイジレスと呼ばれる脱酸素剤やアンチモールド（粉末アルコール）が広まって、焼き菓子の保存期間が飛躍的に延びた。これは洋菓子の贈答用商品としての市場を広めることになる。

日本製洋菓子の誕生——一九九二年から二〇一〇年

製造技術・保存方法などの体制が整った一九九二年以降の日本に、いわゆるスイーツブームと呼ばれる時代が到来する。ヨーロッパの有名菓子店が相次いで日本に出店し、パティシエというフランスの菓子職人の名称は小学生でも知っている言葉として定着した。フランスの菓子コンクールで日本人菓子職人は上位入賞の常連国になった。[32]

一九七〇年代以降の日本の洋菓子は、いわば二つのグループに分かれていた。一つは日本人の味覚に合わせて練り上げられてきた日本風洋菓子であり、もう一つはヨーロッパで修業してきた洋菓子職人が作る本場の味の菓子である。日本風洋菓子はイチゴのショートケーキ[33]に代表されるが、九〇年代にフランスでの修業を終えて帰国した菓子職人のなかには、イチゴのショートケーキは作らないという方針を貫く者がいた。[34]自分はあくまでフランス菓子を提供するという自負がそうさせたのだった。ところが、日本人の味覚に合わせることで育まれた日本風洋菓子から次のような菓子が生まれた。小型チョコレート菓子に使われるなかのクリームだけを型に流して一口大に切った生チョコレートである。これはヨーロッパで学んだチョコレート職人にとっては、チョコレート製造の難所である温度調節を避けた安易な製品と捉えられる風潮があった。しかし「日本風」の製菓技術には、口溶けよく仕上げるために水飴を使うなどのフランス人が思いつかないような工夫が凝らされていて、いつの間にか生チョコレートは、モデルになったスイスの有名老舗店の商品とは別種の洗練されたチョコレート菓子になっていた。

前述のように、日本人洋菓子職人のチームは一九九一年のクープ・デュ・モンドのコンクールで優勝を果たし、日本の洋菓子職人もフランスの味を忠実に守る、という考えからは解き放たれつつあった。フランス菓子あるいは日本風洋菓子というグループ分けにはこだわらず、日本の洋菓子の質は高いということに日本人自身が気づいた契機は、ルレ・デセール[35]の二十五周年記念セミナーが二〇〇六年に東京でおこなわれたことだったと思われる。同会がヨーロッパ以外で開催されるのはこのときが初めてだった。前述のクープ・デュ・モンドで優勝を果たした日本チームのメンバーの一人だった杉野英実は、〇〇年に日本人初のルレ・デセールの会員になっていて、〇五年には新たに三人が入会していた[36]。〇六年に東京でおこなわれた記念大会にはヨーロッパからルレ・デセールの会員約六十人が参加し、彼らは日本の菓子や料理、そしてそれらに使われる食材の豊かさと味の繊細さに驚嘆した。食の専門誌「料理通信」九月号ではその様子を「世界のトップパティシエ集団が東京を直撃!!」と題して巻頭で二十五ページに及ぶ特集[37]を組んでいる。このレポートから、フランスでは日本の洋菓子が一目置かれる存在になっていたことが伝わる。ちなみに、翌年には東京版『ミシュラン』が出版された[38]。

二〇一〇年ぐらいまで続いたスイーツブームは、一九七〇年代からヨーロッパでの修業で培ってきた日本人菓子職人たちの製菓技術が本場の水準に達したことの現れとみることができる。そしてこのような日本の洋菓子界を見て育った七〇年代生まれの洋菓子職人たちは、ヨーロッパでの修業を必ずしも必要としなくなった。ただし、彼らは自分たちの技術を見極めるために、クープ・デュ・モンドなどのヨーロッパのコンクールには出場する。洋菓子の技術の習得はもう十分に国内で可能になったと考えられるようになったのである。

このように、製菓技術の成熟とそれを支える高度な製菓製造機器が出そろったところで日本独自のバウムクーヘンは生まれた。まったく新しいバウムクーヘンを生み出す洋菓子職人の山本隆夫は、ヨーロッパでの修業経験がない一九七二年生まれの職人である。このような日本の洋菓子の流れを踏まえたうえで、第２節ではバウムクーヘンの導入と受容、そして新しいバウムクーヘンの誕生までを追う。

2　本場の味から日本の味へ

日本初のバウムクーヘン

前述のように、バウムクーヘンは第一次世界大戦時に日本に捕虜となって収容されたドイツ人菓子職人カール・ユーハイムが伝えたものである。ここではその経緯について述べておきたい。(39)ユーハイムは青島でカフェ・ユーハイムという菓子店兼喫茶店の店主兼菓子職人だった。青島は一八九八年にドイツの租借地になって同年にはドイツ総督府が「新都市の開発計画図」を公布し、欧州人区、中国人区、労工区などが制定された。欧州人地区では道路もドイツにちなむ名前がつけられ、ハインリヒ皇子街（現在の西路）をはじめとする道路が整備され、ベルリンから取り寄せたニセアカシアなどの並木が植えられた。青島にドイツの景観と街を再現する計画は着実に進められ、一九〇一年には銀行やホテルなどが並ぶドイツ風の景観が生まれていた。(40)ユーハイムが初めて青島を訪れた〇八年には、フリドリヒ街（のちに静岡町になり現在は中山路南）とヴィルヘルム皇帝浜（のちに舞鶴町、現在の太平路）はホテルのほかにレストランなどの商業施設が多く集まる有名な商店街になっていた。ユーハイムは、本国ドイツさながらの小都市になっていた青島で菓子職人としてのスタートを切った。

一九一五年九月に捕虜になったユーハイムは、はじめは大阪の木津川にあった大阪俘虜収容所に収容される。当時そこには約五百四十人の捕虜が収容されていて、そのなかには軍人だけではなく、電気工や肉加工職人などの技術者から宣教師まで含まれていた。彼らは先の見えない捕虜生活に鬱屈を抱えていたという。日本では一五年以降戦争の長期化に備えて、都会から離れた場所に大規模な俘虜収容所が六カ所建設された。(41)一七年の二月にユーハイムを含む捕虜は、そのなかの一つである広島の似島に新しく建てた収容所に移動させられる。似島には軍の施設があり、また呉の軍港も近かったために収容所は塀で囲まれて周囲が見えないように作られていた。閉塞感があっただろうが、彼らは三年目になった捕虜生活に順応してきていたようだ。収容所内に井戸を掘り、野菜を栽培するなどの自律的な活動もおこなうようになっていた。加えて彼らによる農道の拡幅補修作業が地元民に便をもたらしたことなどから、地元民との親善ムードも醸成されていた。何よりも終戦の兆しが伝わり、捕虜たちも今後の暮らしの再建を考えられるようになっていたのである。このような状況で、広島県主催で広島市内の物産陳列館（現在の原爆ドーム）でドイツ人捕虜が製作した物品の展示即売会が催される。これは一九年三月四日に開催された。ドイツは一八年十一月十一日に休戦協定に調印していたから、実質的には第一次世界大戦は終わっていた。正式な終戦は一九年の六月二十八日の講和会議調印だが、捕虜たちにとってこの時期は戦後の身の振り方を考える社会復帰までの準備期間だったといえる。

このような状況での展示即売会は捕虜たちにとっては専門の腕前を披露する機会だったし、日本人にとっては興味と憧れが交じった期待感あふれる催事だった。[42] 彼らは各自の専門に従ってハムやソーセージ、パンそして家具に至るまで自作品を出した。この背景には、日本では明治以降に生活の西洋化が進んで本場の技術を欲しているという事情があったが、[43] 表向きはドイツ人捕虜のうち、民間人だった約二百人あまりについての今後の生活への支援を求める動きとされた。[44] ユーハイムは広島の展示会でサンドケーキとバウムクーヘンを出品した。[45] これが大いに売れて、彼は日本でドイツ菓子が受け入れられるのではないかと勇気づけられたという。彼ははじめアメリカを新天地にしようと考えていたが、横浜に本店をもち、朝鮮の京城にも支店をもっていた食料品店明治屋の磯野長蔵の申し出を受けて、明治屋が東京・銀座に開業する本格的な欧風喫茶店の製菓部門に就職する。明治屋はユーハイムのほかに、加工肉職人と喫茶部の主任にそれぞれ専門家だったドイツ人を迎え入れている。ちなみに神戸に現在もその名をとどめているフロインドリーブは名古屋収容所にいたパン職人で、愛知の敷島パンに主任として迎えられた。現在でもハムなどの加工肉で有名なローマイヤーのアウグスト・ローマイヤーは、同時期にデリカテッセンを開業している。明治屋が銀座に出店した店はカフェ・ユーロップという店名で、地下一階で地上三階建ての煉瓦造りの洋館だった。カフェ・ユーロップには製菓部とソーセージなどを作る肉加工部と喫茶部があった。同店はヨーロッパ直輸入のコーヒーと菓子、それにサンドウィッチ類を出す店で、在日外国人のほか渡欧や留学経験がある人々、それに文化人など多くのひいき客がいたという。

前述の『日本洋菓子史』を読むかぎり、日本でドイツ人菓子職人が日本人のために商品としての洋菓子を作ったのは、カフェ・ユーロップのユーハイムの仕事が初めてではないかと思われる。それまで外国人居留地に住む外国人のために来日していたフランス人の料理人兼菓子職人がいたし、料理人の指導のために来日したスイス人の料理人・菓子職人もいた。本章第1節の項「明治時代――洋菓子導入期」で述べたとおり、日本の料理人や菓子職人は彼らに学ぶことで技術を身につけた。しかしユーハイムは自身が先頭に立って働き、日本人の職人を育てながら商品を提供したのである。第1節の項「大正時代」で述べたように一九一三年には森永ミルクキャラメルが発売されていて、大正時代には乳製品の風味が受け入れられる土壌はできていた。その世相を読んでの明治屋の欧風喫茶の開業だった。そこではドイツ人菓子職人が作る本場の味が提供されたのである。

ドイツ菓子職人ユーハイム

カール・ユーハイムは一八八六年にドイツのラインラント＝プファルツ州マインツ＝ビンゲン地方のビンゲン市カウプでビール製造職人の家に生まれた。父親は一九〇三年に事故のため亡くなるが、そのときユーハイムは十六歳で、ドイツ北部のメクレンブルク＝フォアポンメルン州フォアポンメルン＝リューゲン地方の都市シュトラールズントの菓子店トイゼンベルクで見習いとして働いていた。男兄弟だけで十六人いたというユーハイム家では、ビール職人は長男が継ぎ、三男は残された農地を継いでいて、カールは自立の道を早くから選ばざるをえなかった。父を亡くして一念発起したユーハイムは修業に精を出す。〇八年に二十二歳で職業学校を卒業したユーハイムに、貿易商で青島に菓子店兼喫茶店をもつシータス・プランベックから菓子職人求人の話が舞い込む。ユーハイムは五年契約で青島のカフェ・プランベックで働くことにする。しかし貿易商である店主のプランベックと菓子職人であるユーハイムは経営方針が合わず、ユーハイムは菓子店を持て余していたプランベックから店を買い取った。ユーハイムはこの間に実務を積んで、ドイツのマイスターの免許を取得している。そして一四年の春にいったん帰国し、故郷カウプで知人の紹介で知り合った当時二十二歳のエリーゼ・アーレンドルフと結婚した。エリーゼはドレスデンで商業学校を卒業した女性で、のちにユーハイムと二人三脚で日本にドイツ菓子を広めることになる。

青島のカフェ・ユーハイムでユーハイムが作るドイツ菓子は、青島に住むドイツ人の間では「特に彼が作るバウムクーヘンは本場の味そっくり」と評判だったという。いまのところ、これを裏づける史料はなく、レシピも残っていない[46]。しかし、ユーハイムがビール職人の家に生まれていて、修業先の菓子店トイゼンベルクでの修業のつらさに耐えかねてカウプの実家に戻ると、自身も厳しい職人だった父親からすぐに送り返されたというエピソードや、ユーハイムがプランベックから店を買い取ったことを考え合わせると、ユーハイムが仕事に誇りをもつ職人気質の若者だったことは想像できる。おそらく彼はドイツ本土に引けをとらない菓子を作っていたと思われる。またユーハイムが菓子店に見習いとして入り、働きながら職業学校を終えて青島での実務を経てマイスターの免許を取得した一九一〇年代は、第2章第2節の項「二十世紀初頭のモダン・デザインの影響」でみたようにドイツ菓子の隆盛初期である。ユーハイムが修業したシュトラールズントはドイツ北部のバルト海に面した港湾都市で一八一五年からはプロイセン王国に属していて、バウムクーヘンが親しまれていた土地柄でもあった。ユーハイムが焼いていたバウムクーヘンは、第2章第2節の項「ドイツ菓子の隆盛期のバウムクーヘン」で取り上げたウェーバーの『二百五十の菓子店』にみられるバウムクーヘンに近いもの、つまり完成期直前のものだったと推測できる。何より、ユーハイムがバウムクーヘンを焼いていたということは、店にバウムクーヘン専用オーブンを備えていたということであり、彼の店が充実した菓子店だったことがわかる。

カフェ・ユーロップでは卵は上海から、バターはオーストラリアから取り寄せていた。菓子製造部門では菓子職人と見習いを含めて十五、六人が働いていた。製造していた菓子は日本でもよく知られていたシュークリームのほかに、パイナップルやイチゴといった果物を使ったデコレーションケーキ、そしてバウムクーヘンとサンドケーキなどの焼き菓子だった。当時の日本の洋菓子はフランス菓子を日本風に工夫したものであり、しかも小型の半生焼き菓子類が主流だったので、ユーハイムが作るバタークリームを使ったデコレーションケーキは当時の人々にとって目新しい菓子だったと思われる。ちなみに、このころのバウムクーヘンは英語名でピラミッドケーキと呼ばれていた。日本では当時、洋菓子名は主に英語が使われていて、カフェ・ユーロップでも日本人が注文しやすいように英語名が使われた[47]。ピラミッドケーキはユーハイムが助手に鉄製の心棒を回させながら焼いた。このときにユーハイムが焼いていたバウムクーヘンは表面に凹凸があるタイプで、彼は表面のツノのでき方に特に気を配っていたという[48]。これが三日に一、二本売れた。フランスの影響一辺倒だった日本の洋菓子界にドイツ菓子を紹介したユーハイムの功績は『日本洋菓子史』にも五ページにわたって記述されている[49]。

輪切りにするという発想

ユーハイムは三年の契約満了を機に明治屋を辞し、横浜に自身の店E・ユーハイムを開店する。菓子職人は日本人だけでなくドイツ人や中国人もいて、店員を含めて従業員九人を雇っていた。個人経営の菓子店で九人の従業員を擁していたということは、E・ユーハイムで提供された菓子が充実していたことを物語る。当時は横浜に遊びにいったら、中華街を歩き、ホテルニューグランドで食事をし、E・ユーハイムでお土産を買って帰る、というのが東京人の楽しみ方とされたという[50]。そして一九二三年の関東大震災を機に同年ユーハイムは店を神戸に移し、店名をJUCHHEIM'Sとした。ここでもバウムクーヘンは名物菓子だった。当時JUCHHEIM'Sでは二メートル近いバウムクーヘンを切り売りしていた。焼き上がったバウムクーヘンを店員に持たせて、ユーハイムは菓子用のナイフで客の注文に応じて、半ポンド、一ポンドと切り分けていた。JUCHHEIM'Sは京阪神に顧客を広げていったが、二八年に神戸に進出した大丸デパートでも洋菓子を販売するようになり、洋菓子はJUCHHEIM'Sの独占市場ではなくなった。

デパートの進出で一時売り上げが落ちたJUCHHEIM'Sだったが、これを機に店の体制を整えていく。当時はデコレーションケーキ、小型のケーキ、さらにクッキー類とチョコレート類など冷菓以外ものをすべてそろえた本格的な菓子店だったが、さらに大阪の販売所を設けるなどして販路を拡大する。またユーハイムは一九三二年に、ドイツのギムナジウムで教育を受けさせていた長男のカールクランツを第2章第2節の項「二十世紀初頭のモダン・デザインの影響」で述べた菓子業のための連邦専門学校、通称ヴォルフェンビュッテルの製菓学校に入学させている。

しかしJUCHHEIM'Sは第二次世界大戦によって閉鎖に追い込まれる。カールクランツは卒業後にドイツで兵役に就き、結婚して一九三九年に神戸に戻るが、四二年に招集されて戦地に赴く。日に日に戦況が悪化するなかで四二年には菓子業の整理統合がおこなわれ、シュークリーム類とカスタードクリーム使用の洋菓子の製造が禁止される。そしてカール・ユーハイムは四五年終戦の日の前日に病死し、息子のカールクランツも戦死する。残されたエリーゼ夫人とカールクランツの未亡人は、ドイツへ強制送還された。

戦後日本での製菓業の復興は、一九四九年の水飴の統制解除で本格的になる。五〇年には朝鮮戦争が勃発して日本は戦争景気に沸く。この年には大日本製糖と日新製糖、そしてマーガリンやチョコレートを製造する不二製油が設立されている。同年JUCHHEIM'Sの菓子職人と店に縁があった平川五百治、山口政栄、川村勇の三人が、ユーハイム商店を設立してユーハイムの下で作っていたバウムクーヘンをはじめとするドイツ菓子の製造販売を始める。ユーハイム商店は日本の復興に伴い業績を伸ばしていったが、同店の発足直後にニュー・ユーハイムという洋菓子店も開業し、バウムクーヘンをはじめとするドイツ菓子を製造販売した。ユーハイム商店とニュー・ユーハイムは商標使用の是非をめぐって訴訟にまで発展するが、これは阪神地区でカール・ユーハイムが育てた菓子職人とその技術が根づいていたこと、そしてドイツ菓子、とりわけバウムクーヘンが定着していたことを物語っている。その後、ユーハイム商店は株式会社としての体制を整え、ドイツからエリーゼ夫人を呼び寄せてドイツ菓子の正統性を謳い、五七年には銀座に進出する。翌年には工場を東京・目黒に移転し、その翌年には渋谷にも売店と喫茶店を開く。工場も北沢に移転増設し、六〇年にユーハイムは資本金一千万円の企業になった。菓子店ユーハイムは六〇年代の高度成長時代の波に乗って菓子製造企業になったのである。こうした歩みのなかでバウムクーヘンも大きく変貌する。ユーハイムは、客の注文の分量に応じてその場で切り分けて販売していたバウムクーヘンを五〇年からあらかじめ輪切りにして化粧缶に入れて販売する方式に改める。

婚礼と結び付く

一九六四年にユーハイムは、それまでピラミッドケーキと称していたドイツ菓子の呼び名をバウムクーヘンと改める。ユーハイムの社史『デモ私 立ッテマス』によると、同社が東京に進出した五七年あたりからピラミッドケーキとバウムクーヘンは並用して使われていたが、ユーハイムは六四年をカール・ユーハイムの来日五十周年の記念年として事業拡大を図り、同時に洋菓子店ではなくドイツ菓子店としての個性を前面に出していく方針を固め、その一環として正式名称としてバウムクーヘンを使うことに決めた。[51] 第1章第3節でみたように、バウムクーヘンは祝祭のため宴会に提供されていたという伝統があることから、ドイツでも婚礼の菓子として用いられる。ユーハイムも、三三年におこなわれた大阪の取引先の息子夫婦の結婚式に一メートルほどのバウムクーヘンを贈っている。六〇年代に入ると日本では婚礼の宴でウエディングケーキが欠かせない存在になっていく。その始まりを告げる象徴的な出来事は、六〇年十二月二日に当時東京・日比谷の日活国際ホテルでおこなわれた俳優・石原裕次郎と北原三枝の婚礼披露宴にウエディングケーキが使われたことだろう。三日がかりで作られたという高さ一メートルのウエディングケーキは時価七万円といわれ、その豪華さが週刊誌やテレビで話題になった。[52] それ以降、結婚披露宴にウエディングケーキは欠かせないものになっていく。日本のウエディングケーキはイギリス式のシュガーデコレーションが施された三段式のものが主流だったが、[53] バウムクーヘンに親しんでいた神戸では、バウムクーヘンをウエディングケーキに使いたいという要望が多かった。ユーハイムの広報によると、六五年の大安の日には一日に三十本あまり納品する日が続いたという。しかしながら背が高いバウムクーヘンは搬入に手がかかり、納品時に崩れてしまうことが相次いだ。そこで新郎新婦がカットする部分だけが本物のバウムクーヘン生地で、ほかの部分は砂糖で固めたウエディングケーキ用バウムクーヘンを作るようにしたが、これは切り分けて食べられないことなどの理由で次第に廃れていく。

ウエディングケーキとしてのバウムクーヘンは定着しなかったが、婚礼の引き菓子としてのバウムクーヘンは一世を風靡する。ユーハイムによると、バウムクーヘンが婚礼の引き菓子に用いられるようになったきっかけも客の要望だったという。一九五〇年からユーハイム商店では輪切りのバウムクーヘンを化粧缶入りにして売っていたが、それに、チョコレートで「寿」の文字を絞ったクッキーを添えて引き菓子にしたいという希望が寄せられていたという。時系列的に整理すると次のようになる。まず、寿クッキー添えの輪切りバウムクーヘンを引き菓子として使いたいという要望があった。その後、ウエディングケーキもバウムクーヘンを使いたいという希望もあり、これに応じていたものの搬入の困難さが原因で定着しなかった。しかし引き菓子としてのバウムクーヘンは評判を呼び、六五年以降ユーハイムは本格的に引き菓子用バウムクーヘンを手がけるようになる。六七年には引き菓子用バウムクーヘンは神戸を中心とした関西地区だけではなく、全国の、特にホテルでの婚礼の引き菓子の代表的なものになっていく。当時の婚礼の引き菓子としてのバウムクーヘンの需要を確かめるために、筆者は二〇一五年九月に帝国ホテル、ホテル・オークラ、ホテルニューオータニ、福岡の西鉄グランドホテルの広報に問い合わせてみたが、いずれのホテルも一九六〇年から七〇年当時の記録や資料は一切残っていなかった。しかし一様に、たしかに六〇年代の後半から七〇年代にかけての婚礼の引き菓子はバウムクーヘンが主流だったと、当時を知る社員は言っているという回答だった。これについては本章第2節の項「国産バウムクーヘンオーブンの進歩」で再び取り上げる。

「年輪」の発見

第2章第3節の項「中世の串焼き菓子について」で取り上げたクラウス『美しい焼き菓子年代記』にあるように、ドイツでもバウムクーヘンは婚礼の菓子として用いられてきた。同書は、十五世紀後半にフランクフルトでの貴族間の婚礼の宴席で、花と飾りがあしらわれたバウムクーヘンがメインディッシュとして食卓に飾られていたと記している。[54] この菓子が十五世紀にドイツ各地で発令された奢侈禁止令によって招待客の人数制限につながった[55]ことからもわかるように、この菓子の贅沢さはつまるところその大きさにあった。心棒に巻き付けて焼いた背が高い円柱形の姿こそが祝いの象徴であり、参加者全員に切り分けてもなお残るくらいの量を用意するのが主催者の力であり、慶事を分かち合う喜びだった。

ハーンの「バウムクーヘンの系譜」によれば、バウムクーヘンという名は、木の心棒に巻き付けて焼成するため、道具としての木にちなんで命名されている。[56] バウムクーヘンの姿が木をかたどっているという意味合いはなく、ましてや切り分けた断面の焼き層は、気にもとめられなかった。第1章で述べたように、バウムクーヘンは発酵させたパン生地に液体状の卵生地が取って代わった菓子である。すなわち、焼き層は卵生地が液体状のために、かけながら焼かざるをえないことから生まれた副産物だった。焼き層を年輪に見立てる発想は、もともとドイツにはなかったのである。ドイツでは、バウムクーヘンは、客の注文に応じて求める量を切り分けて販売していた。焼き層を重視するならば、あらかじめ切り分けて断面を見せて販売していただろう。ドイツで断面を見せて販売するという形態は、第2章第2節の項「ドイツ菓子の隆盛期のバウムクーヘン」で述べたように、二十世紀の初頭に作られたトルテの生地として使われるようになったころからである。[57] この使用方法にしても、「ドイツ菓子の隆盛期のバウムクーヘン」に所収したマルツィパン・バウムクーヘンとヘルガトルテの写真によると、断面の焼き層は「年輪」としては見立てられてはおらず、模様のように扱われていることが見て取れる。

だが、日本では、婚礼の引き菓子として用いられるようになった輪切りのバウムクーヘンの焼き層を「年輪」に見立てる。年輪という言葉は、『広辞苑』によると「比喩的に、技芸や人物の発展・成長の歴史の積み重ね」とされ、例として「年輪を重ねる」という用例を挙げている。[58] 日本人はバウムクーヘンの断面に「年輪」をみて、そこに婚礼の引き菓子としての寿（ことほぎ）を結び付けたのである。一九七〇年代にはバウムクーヘンは、主にホテルの婚礼での引き菓子として定位置を獲得する。これを裏づける資料はどのホテルにも残っていなかったが、その理由は当時の引き菓子バウムクーヘンはホテル自家製ではなく、菓子店からの仕入れ商品だったことが挙げられる。引き菓子としてのバウムクーヘンの定着度を、九九年の『あたらしい家庭の冠婚葬祭』から引いてみよう。ここでは結婚式までの準備するものについて記してあるが、そのうちで引き出物の項には、新しい傾向として寿の文字が浮き出たリンゴ、鯛のアップルパイと並んでベル型のバウムクーヘンを挙げて、「帰宅後、結婚式の話をしながら家族で食べてもらえば、お祝いの披露にもなります[59]」と記している。このように引き菓子としての輪切りのバウムクーヘンはすでに九九年にはありふれたものになり、ベル型のものが提案されているのである。ここでは輪切りではないから「年輪」は影を潜めているが、バウムクーヘンが引き菓子にふさわしい縁起がいい菓子であることは認知されている。縁起がいい菓子というバウムクーヘンが獲得した心象は、さらに以下のような物語をまとうようになる。例として、二〇一六年二月の時点のバウムクーヘン専門の菓子店ねんりん家の栞の紹介文を記す[60]。

年輪が長寿と繁栄の印として19世紀から祝い菓子として欠かせないお菓子です。
年輪には重なる幸せという意味もあります。

序章でも取り上げた熊崎賢三『菓子たちの道しるべ』では、バウムクーヘンに対する日本でのイメージについて「古木の年輪にも似た断面からの連想でもあろうか、長寿や幸せを願って焼かれ続けてきたという話は、伝説とも言えない俗説の最たるものと言えるだろう[61]」と指摘している。この指摘の厳しさが、かえってこのような長寿、繁栄、幸せというバウムクーヘンに付加されたイメージの浸透を物語る。

国産バウムクーヘンオーブンの進歩

こうしてバウムクーヘンは婚礼の引き菓子として全国に広まったわけだが、それはバウムクーヘンの大衆化の始まりでもあった。本章第2節の項「婚礼と結び付く」で一九六七年ごろから特にホテルでの婚礼の引き菓子としての需要が増えたと述べた。前述したように帝国ホテル以下四社のホテルに当時の引き菓子の実数を示す資料は残っておらず、当時の引き菓子に使われたバウムクーヘンはホテルの製菓部調製ではなく、製菓会社からの仕入れ商品という事情と思われる。(62) 各ホテルとも仕入先についての記録はないというが、おそらくユーハイムは卸元の一つだったと考えられる。ユーハイムの広報に問い合わせてみたが、同社にも六〇年代後半から八〇年代の引き菓子としてのバウムクーヘンの販売実数と販売先の記録などは残っていないという。

ユーハイムがホテルの婚礼用の引き菓子の有力な卸元と考えられる理由は、当時バウムクーヘンの製造が同社のいわば独壇場だった点にある。これはバウムクーヘンがドイツ菓子特有の配合で製造する菓子であること、あるいはそう思われていたことによるが、何よりもバウムクーヘンの製造には専用のオーブンを要することがこの菓子を特殊なものにしていたからである。ところが一九六七年には国内でバウムクーヘン専用オーブンが製造されるようになる。本章第1節の項「洋菓子時代の到来——一九二七年から七一年」で述べたように、二九年に林製作所が国産初のミキサーを完成させて以来、四九年には製菓専用ミキサーメーカーになったのを皮切りに、五〇年には愛工舎製作所がミキサーだけではなくオーブンにも進出するなどして、六〇年代後半は製菓設備会社が全国で創業する時期である。現在バウムクーヘン専用オーブンを製造している会社は、前述の愛工舎製作所のほかに不二商会や横山鉄工などがあるが、ここでは不二商会を例として取り上げる。

不二商会は、現在の会長である藤波勝也が一九六七年に製菓材料店の機械部から独立して開業した製菓設備会社である。同社では当初は和菓子の練り餡機、ミキサー、餅つき機が主力商品だったが、六八年に自動バウムクーヘンオーブンを開発する。当時バウムクーヘンオーブンは、差し渡した心棒を、手前に設置された生地の容器から奥の火元まで手動で移動させていた。これに対して不二商会が開発したオーブンには、心棒がオーブン庫内奥の火元から手前の生地の容器まで自動で戻ってくる機能がついていた。さらには、それまで心棒は一本だったものを五本までかけられるようにした。これで心棒移動の手間が省けて量産が可能になり、菓子店のバウムクーヘン製造への参入が容易になった。これが引き菓子バウムクーヘンを全国に広めた土壌だったと思われる。バウムクーヘンは婚礼の引き菓子というイメージができあがり、その知名度も上がる。バウムクーヘンといえば焼き層が重なったなかに空洞がある丸い菓子として広く認知されるようになったと考えられる根拠は、小型のバウムクーヘンを使った菓子が六〇年代後半に続けて発売されるからである。

小型バウムクーヘンの先鞭をつけたのは、一九六七年に発売された長崎の菓舗唐草「長崎物語」である。この菓子の栞[63]には「まろやかなクリームと優しく焼き上げたバームクーヘン」と記されている。バームクーヘン[64]という菓子名が説明もなしに使われていることから、バウムクーヘンは内容の説明をしなくとも購買者に理解できる菓子になっていたことがわかる。小型バウムクーヘンの専用オーブンは、不二商会で六六年前後に製造されるようになった。製菓設備会社で唯一聞き取りに協力を得た不二商会は、六七年に小型のバウムクーヘンオーブンの販売を始めた。同社のオーブンを導入した福岡の二鶴堂は、七二年に「博多の女」というミニバウムクーヘン菓子を発売した。当時の状況を知る藤波勝也によると、七〇年代は後述するように日本国有鉄道（現JR各社）による個人旅行の喚起や山陽新幹線の開通などがあり、製菓会社は土産物という市場に向けた商品開発に力を注いでいた。「博多の女」発売二年前の七〇年には小倉の菓子店つる平が「小倉日記」というミニバウムクーヘン菓子を発売している。ちなみに「長崎物語」と「博多の女」と「小倉日記」は、すべて直径二、三センチで長さが四、五センチほどの小型バウムクーヘンである。現在のところ主なミニバウムクーヘンの菓子は全国に八種ある。[65]写真3―1は「長崎物語」である。

前述のいずれのミニバウムクーヘン菓子にも地名がついているが、これは一九七〇年に当時の日本国有鉄道が個人旅行を促進するためにおこなった「ディスカバージャパン」というキャンペーンと関係していると思われる。[66]六四年に開通した東京―大阪間の新幹線は、山陽新幹線として七二年に岡山まで、七五年には博多まで開通する。菓子業界は土産物市場を期待してご当地菓子を売り出した。小型バウムクーヘンにクリームを詰めた菓子は長崎

写真3-1　ミニバウムクーヘンの菓子「長崎物語」（写真提供：菓舗唐草）

とは特別のつながりはないが、南蛮文化の風情が残る長崎にミニバウムクーヘン菓子は親和性があり、評判を呼んだ。「小倉日記」は「長崎物語」と同様にクリームを詰めているが、七二年発売の「博多の女」はようかんを詰めていて、和洋折衷菓子の先駆けだった。その地に昔から伝わる菓子でもなく、材料がその地域特有のものでもないが、一定の知名度があるバウムクーヘンに地名をつけて土産菓子とする、いわゆる名前以外は地方性がないという土産菓子のあり方はここから始まったと考えられる。

大量生産を可能にした国産のバウムクーヘンオーブンは、さらにバウムクーヘンを大衆的な菓子にする。土産菓子だけではなく、一口大に切って個包装したいわゆる袋菓子や直径約八センチ大の輪切りの食べ切りサイズのバウムクーヘンは、現在も多くの量販店やコンビニエンスストアの店頭で見つけることができる。

日本製バウムクーヘンの誕生

ここからはバウムクーヘンの受容と大衆化の動きを、前節でみてきた一九七〇年以降の日本の洋菓子の推移との関連でみておきたい。本章第1節の項「日本人菓子職人の海外飛躍――一九七二年から九一年」で述べたとおり、七〇年以降の日本の洋菓子界は菓子職人が単身ヨーロッパに渡って技術を習得し始める時代である。彼らは現地で暮らし、市場で材料に触れ、現地の職人たちとともに働くことで製菓技術を体得する。やがて彼らは修業先でコンクールに出て腕試しをし、帰国して身につけた菓子を提供する。六四年には日本人の海外渡航制限が解除されていて、六五年に日本航空が初の海外パッケージ旅行業務を始めていたこともあり、海外旅行経験者が増大したことを背景に本場の味を知る購入者も増えていた。七〇年に女性誌「an・an」[67]が、翌年に「non-no」[68]が創刊されたことも、以降の日本の洋菓子の発展に大いに貢献する。両誌は評判の洋菓子店をたびたび紹介して食べ歩きを勧めることで購入者を開拓して啓蒙した[69]。

一九八〇―九〇年代になると本章第1節の項「日本製洋菓子の誕生――一九九二年から二〇一〇年」で述べたように、ヨーロッパ仕込みの菓子職人が作る本場の味とイチゴのショートケーキが代表する日本風洋菓子が混合することで菓子職人の技術は高度になり、材料も充実する。このような状況にあって婚礼の引き菓子の代名詞になったバウムクーヘンは、さらに土産用の菓子にも使われるようになったこともあって、菓子職人の高度な技術を要する高級ドイツ菓子というイメージは消え失せる。同時にまた、長期保存のために用いられた乾燥剤や脱酸素剤がバウムクーヘンを乾燥させたり風味を劣化させたりしたために八〇年代からはバウムクーヘンはパサパサした焼き菓子といわれていた[70]。

そのようななかで、焼きたてを謳うバウムクーヘンが一九九九年に登場する。製造したのは山本隆夫である。彼は菓子職人のなかではヨーロッパでの修業をもはや必要と考えない世代に属する。山本は七二年に滋賀県近江八幡の和菓子本舗たねやの次男として生まれた。高校を出て東京のデザイン学校に進学し、卒業後は実家に戻って、たねやの洋菓子部門に就職する。洋菓子の基本技術はたねやの仕事のなかで学んでいる。九五年に山本はたねやの洋菓子部門をクラブハリエと改め、昔からあったモンブランを改良して評判を得る。これがきっかけになって、九九年には阪神百貨店梅田本店から出店依頼を受ける。ここで山本はバウムクーヘンを売り出すのだが、バウムクーヘンを売りたいと申し出たときに、当時の阪神百貨店の担当者は「そんなもん、売れるはずないでし

写真3-2　「café sweets」（柴田書店 MOOK）第47号、柴田書店、2005年、表紙

ょ」と笑ったという(71)。前述したように、このころになるとバウムクーヘンはパサパサの引き菓子と思われていたのである。

周囲の反対を押し切って売り出したクラブハリエのバウムクーヘンだったが、初日から六十四万円を売り上げる好スタートで人気商品になる。山本のバウムクーヘンは、しっとりとして軟らかい菓子である。これはバウムクーヘンがパサパサした菓子だというイメージを覆すものだった。次節で詳しく生地の比較をするが、ドイツのバウムクーヘンはふんわりと軟らかい菓子ではない。また、山本は「朝日新聞」のインタビュー記事で自身のバウムクーヘンについて、「本物やないから、バウムクーヘンではなく、バームクーヘンでいいんです(72)」と語っている。山本は本場ドイツのバウムクーヘンにこだわらず、自身がおいしいと思うバウムクーヘンを作り出したのである。

これで新たなバウムクーヘンブームに火がついた(73)。前述したミニバウムクーヘンオーブンを製造販売した不二商会は、一九九五年にオートシャッター機能と自動点火機能がついたバウムクーヘンオーブンを開発して販売を始めた。自動点火機能はシーケンサーという工業コンピューターを内蔵したもので、同社はこれで特許を取っている。代表取締役の藤波哲也からの聞き取りと同社の会社概要の資料によると、二〇〇三年ごろからバウムクーヘンオーブンの売り上げが伸び始めていることがわかる。写真3—2は〇五年二月発行の食の専門雑誌「café sweets」第四十七号の表紙である。中央に「バウムクーヘン、ブームの兆し?」という見出しがある。

バウムクーヘンオーブンを備えて、焼きたてのバウムクーヘンを売る菓子店が増えるにつれて、二〇〇八年ごろからは有名和菓子店や卵を売る養鶏場など、洋菓子界以外の業種がバウムクーヘンを導入する動きも始まったと藤波は語る。(74) この言葉を裏づけるように、本章第2節の項「「年輪」の発見」で紹介文を引用したバウムクーヘン専門店ねんりん家の創業は〇七年であり、浜松の食品メーカー、ヤタローが治一郎というブランドでバウムクーヘンを売り出したのは〇八年である。そして不二商会は〇三年からバウムクーヘン専用オーブンを販売するだけではなく、生地の配合の提供とバウムクーヘンの焼成指導もおこなっている。つまり不二商会は、バウムクーヘン専用オーブンを購入する顧客に、経験を積んだ菓子職人ではなくともバウムクーヘンを製造できるようになるまでの育成を含めて販売するようになったのである。こうして、クラブハリエの山本が先鞭をつけた日本製バウムクーヘンは、バウムクーヘンオーブンの改良という製菓設備の充実を背景に全国に広まっていく。

3　日本製バウムクーヘンがもたらしたもの

日本の味わい

一九九九年のクラブハリエのバウムクーヘンは、バウムクーヘン専用オーブンの開発と改良を手がける製菓設備会社を巻き込んで日本中にバウムクーヘンブームを起こす。それを受けて、各社はふんわりとして軟らかい日本製バウムクーヘンを生み出す配合と焼成技術の開発にしのぎを削る。それでは、クラブハリエの躍進がきっかけで広まった日本製バウムクーヘンは、ドイツのバウムクーヘンとはどのように違うのだろうか。日本製バウムクーヘンの実態をレシピと製法から明らかにしていきたい。

まず、日本製バウムクーヘンの配合と製法の一例を挙げる。この配合は、不二商会が二〇〇一年ごろにバウムクーヘンオーブンを販売した顧客に提案したレシピである。製菓設備を販売する会社間では激しい競争があるためにレシピは日々改良されていて、また菓子店が独自で配合を工夫することもあるので、この配合はあくまでもその方向性を示す一例であることを断っておく。さらに、ショートニングについては二つの商品名が記されていてそれぞれに分量を明示しているが、ここではショートニングの合計量として記した。また、タピオカ澱粉についても商品名を指定しているが表記は控えた。

日本製バウムクーヘンの配合表と製法
ショートニング　八百三十グラム
上白糖　千七百グラム
全卵　二千八百五十グラム
生クリーム　七百五十グラム
ラム酒　五十グラム
コーンスターチ　五百グラム
タピオカ澱粉　二百グラム
薄力粉　六百グラム
有塩バター　七百五十グラム
ベーキングパウダー　二十六グラム

ショートニングを上白糖とともに攪拌し、ほぐした全卵を少しずつ混ぜていく。コーンスターチとタピオカ澱粉と薄力粉とベーキングパウダーを合わせてふるったものを混ぜ合わせる。クリーム状に泡立てた生クリームにラム酒を加えたものを混ぜる。軟らかめのクリーム状にしたバターを混ぜ合わせる。

まず、材料の配合を現在のドイツのバウムクーヘンと比較してみよう。第2章第2節の項「ドイツのバウムクーヘンの定義」でみたように、ドイツの標準的なバウムクーヘンの配合はバターと砂糖と粉類と卵の割合が一対一対一対二である。粉類は小麦粉と小麦澱粉を同じ比率で使う。これに対して日本製バウムクーヘンの代表的な配合を小数点切り上げで換算すると以下のようになる。油脂分と砂糖と粉類と卵の割合は一・八対一・三対一対二・二である。

油脂分が多いものの日本製バウムクーヘンの配合は基本的にはドイツのものを踏襲しているようにみえるが、材料と製法が大きく異なる。その違いを材料からみていく。まず油脂分についてである。配合比較では油脂分としたように、日本製はバターのほかに加工油脂であるショートニングと生クリームを使っている。ショートニングは、主に製菓と製パンに使う動植物性油脂を硬化油に加工したものである。バターとは違って風味はないが、加工の段階で乳化剤を使っていて、生地をきめ細かな軽い食感に仕上げる特性をもっている。生クリームを使っているが、乳脂肪を含む液体の生クリームはそのままでは卵の気泡を壊すはたらきがある。そのためドイツのバウムクーヘンの完成には材料から生クリームを排除することが完成の決め手だったことは、第2章第2節の項「バウムクーヘン完成への突破口」で述べたとおりである。ドイツでバウムクーヘン完成のために排除された生クリームが日本製バウムクーヘンのレシピで復活していることはなんとも皮肉な巡り合わせだが、日本製は使い方にひと工夫を施している。これについては製法の解説で述べる。何よりも日本製バウムクーヘンの大きな特徴は、ドイツのバウムクーヘンに比べて油脂分の分量が多いことである。

次に砂糖についてだが、通常は洋菓子にはグラニュー糖を使うところ、日本製では上白糖を使っている。上白糖は精製した砂糖に転化糖を加えたもので、グラニュー糖よりも吸湿性があり、生地をしっとりと保つはたらきがある。そして粉類だが、粉類の違いについて述べる前にドイツと日本の小麦粉の分類の違いを押さえておかなければならない。ドイツでは小麦粉は灰分の含有量で区分するが、日本では小麦粉のグルテンの含有量で区分する。ヨーロッパの小麦は採取される土壌や季節によって灰分の含有量が大きく異なる。灰分とはマグネシウム、カルシウム、鉄などのミネラル分だが、焼成後も残るために材料としての用途が変わる。そこで灰分の含有量が区分の基準になっているのである。日本では小麦粉のなかのグルテンが作り出す粘弾性の度合いを重視する。洋菓子にはグルテンの含有量が少ない軟質小麦で作る薄力粉を使う。薄力粉はグルテンが少なくメッシュも細かいため、軟らかく繊細な生地を作ることができる。ドイツでは菓子にtype550と呼ばれる小麦粉を使うが、これは仕上がりの点から比較すると、日本の薄力粉と強力粉の中間の中力粉に近く、日本ほどには軟らかさには重きを置いていないことがわかる。つまり製菓では、日本ではドイツよりも生地の軟らかさを重視しているのである。[75]

さらに日本製は澱粉の材料が変わる。ドイツのように小麦粉から作る澱粉ではなく、トウモロコシとタピオカから作った澱粉を用いる。これはより細やかな食感を求める工夫である。また膨張を促すものとして、ベーキングパウダーが粉類の二パーセント使われている。風味づけにはラム酒を使う。

続いて製法の違いについてみていこう。ドイツのバウムクーヘンの製法の手順と日本製のものの手順を列記する。

〈ドイツのバウムクーヘン製造手順〉

バターとグラニュー糖を攪拌する↓卵黄を混ぜる↓別のボウルにメレンゲを作る↓バター入りの生地にメレンゲと粉類を交互に混ぜる。

〈日本製バウムクーヘンの製造手順〉

ショートニングと上白糖を攪拌する↓ほぐした全卵を混ぜる↓粉類とベーキングパウダーを合わせたものを混ぜる↓生クリームをクリーム状に泡立てたあとラム酒を加えて混ぜる↓軟らかくしたバターを混ぜる。

ドイツ製はバターを主体として卵を卵黄と卵白に分けて加える、いわゆる別立て法である。これに対して日本製はショートニングを主体として全卵ごと混ぜていく共立て法だが、共立て法では得られにくい気泡を補うために膨張剤ベーキングパウダーを使っている。

日本製の材料と製法の特色を要約すると以下のようになる。加工油脂を主体にすることによってきめが細かな軽い生地を作る。生クリームは液体状のままでは気泡を壊してしまうので、軽く泡立ててクリーム状に形状を変化させて生地に混ぜている。これによって気泡を壊すことなく、生クリームの水分はそのまま保有した状態で生地に混ぜることができる。さらにはベーキングパウダーを使用して生地の「浮き」つまり膨張をより強固なものにする。粉類のうち澱粉は、より軟らかな食感を実現できるものを吟味して使用する。バターの量は減らしても風味はほしい。そこで最後に軟らかくしたバターを加える。通常、製菓には無塩バターを用いるが、ここでは有塩バターを使っている。これは、安藤が『ドイツ菓子大全』で述べているように、少量の塩が味に奥行きを与えるとしてドイツ菓子ではよく使用することを踏まえていると思われる[76]。このことは、日本の製法にあって唯一ドイツ菓子の製法の踏襲を感じさせるものである。

つまり、日本製は材料の配合比率や加工油脂の使用、そしてベーキングパウダーの使用という点で第2章第2節の項「ドイツのバウムクーヘンの定義」でみたドイツの官報であるGMBIの「特別な判断指標」からは外れているばかりでなく、製法でもドイツ製とは異なっている。本章第2節の項「日本製バウムクーヘンの誕生」で取り上げた「朝日新聞」のインタビュー記事での「自分のバウムクーヘンは本物ではない」という山本隆夫の発言の意味はここにある。手本を外に求めるのではなく、自分のなかに創造の源があること。これが、本章で山本の仕事に集約されるバウムクーヘンを日本製と呼ぶ理由である。

さらにドイツ製と日本製の違いを付け加えるならば、菓子としてのあり方にもみられる。クラブハリエは、初めて出店した一九九九年の近鉄百貨店でおこなったように、全国の店のショーケースがガラス張りで、そこにはオーブンから出したばかりの丸太状のバウムクーヘンを並べている。焼きたてを謳うのがクラブハリエの特徴で、バウムクーヘンは鮮度を保つために冷蔵庫保存する生菓子扱いであり、買い上げた当日中に賞味するように勧めている。通常は、バウムクーヘンのようにバター生地の焼き菓子は、焼きたてよりも翌日のほうが味がなじんでくる。そのため食べ頃は翌日から大体十日間ほどとされる。[77]ここにもドイツ製と日本製の考え方の違いがあり、ドイツのバウムクーヘンは焼成後の翌日以降に醸成される材料の一体感を食べ頃だとするのに対し、クラブハリエは卵の香りが残る焼きたてを味のピークとする。このように、クラブハリエが代表する日本製バウムクーヘンは、ドイツのバウムクーヘンとは形状は同じながら製法も味わいも異なる菓子になっている。

熟練技術の機械化

第1章でみてきたように、現在パティスリーという言葉で表す粉菓子は製パン技術のなかから派生したものである。そして製パン技術の要諦は製粉技術よりもパン窯をもっているかどうかに重きを置いたこともあって、火を操る焼成だとされた。またバウムクーヘンは心棒に生地を付けて直火で焼く焼成法でもあり、焼き色や火の通し方という焼成技術こそが菓子職人の技術の証明だった。『美しい焼き菓子年代記』でクラウスが指摘しているとおり、熱源が薪からガス、そして電気に変わろうとも焼き上がりの美しさがバウムクーヘンの質を物語ることには変わりはない。[78]安藤明は、ドイツ菓子手工業連盟に加盟するユーハイムの技術部門の責任者であり、ドイツのマイスター資格をもつ菓子職人だったが、監修した『ドイツ菓子大全』ではバウムクーヘンの焼成を「バウムクーヘンは難易度の高い菓子である[79]」と解説している。さらに安藤は、生地を焼き重ねるタイミングの重要性を強調し、生地にできる大きな気泡に気をつけること、オーブン手前の容器に入れた生地の温度と状態を管理することなどを挙げている。また、注意する点として生地の生焼けによる落下、生地の載せ方の不備による食感の悪さなどを強調している。バウムクーヘンの焼成には、これらすべてに気を配りながら、適度な焼き色のための火力の調整が加わるのである。バウムクーヘンの焼成は、なんと緊張感を伴う手間がかかる作業であることか。そして同書では、バウムクーヘンの解説の結びとして、「ドイツではマイスター資格を取得するためにはバウムクーヘンをきちんと焼けなければならない。いわば菓子店の最終試験科目である[80]」と記述している。

写真3―3はユーハイムで使っているドイツ製のガス式バウムクーヘンオーブンである。右手に心棒の回転数を変えるハンドルがある。写真3―4はオーブンの蓋を開けて心棒をかけた状態である。オーブン下部のつまみで火力を調節する。写真3―5は心棒をヴァネと呼ばれる生地をためておく場所に浸して生地を付けているところで、これが一回目である。このあと心棒を奥に移動させて回転させながら焼成する。写真3―6は二回目にヴァネに浸しているところである。菓子職人はオーブンの右前に立ち、焼き色を見ながら心棒の回転数をハンドルによって調節する。

しかし不二商会が代表する製菓設備会社は、経験を重ねてはじめて体得される焼成技術を機械化することに、すなわち微妙な温度管理の自動化に成功したのである。先述したように不二商会の創業は一九六七年、現会長の藤波勝也が和菓子の材料店から独立して資本金百万円で創業した会社である。どら焼き製造機と包装機の卸・小売り業者だったが、機械畑を歩んできた藤波は自らが発売元になって自動バウムクーヘンオーブンを開発して販売を始めた。このときの自動バウムクーヘンオーブンは心棒が自動的に動くもので、一度に五本焼きを可能にしたが、温度管理は自動化されてはいなかった。こうしたなか、昭和の洋菓子の黎明期だった六〇年代後半にはミニクーヘンという小型のバウムクーヘンを焼く専用オーブンが開発・販売される。ミニクーヘンオーブンはどこの菓子設備メーカーが最初に開発して販売したかは明らかではないが、これによって製造されたミニクーヘンは、本章第2節の項「国産バウムクーヘンオーブンの進歩」で取り上げたように長崎や福岡などで土産物菓子として普及する。ミニクーヘンは小型なので火の通りがよく、焼成管理がしやすい。そのために温度管理を自動化するのが比較的容易だった。このミニクーヘンオーブンで焼成温度の管理が自動化されたことが、バウムクーヘンの焼成温度管理をも自動化するという次なるテクノロジーへの前段階になった。

不二商会もミニクーヘンオーブンを製造販売する。不二商会は資本金を四百万円に増資して、当時進んでいた和菓子店や卸菓子工場の製造工程の設計にまで関わる会社になる。一九八八年には資本金を一千万円に増資し、自社社屋を設立する。その後に入社した現代表取締役の藤波哲也は、取引先を個人店から製菓の中規模工場、さ

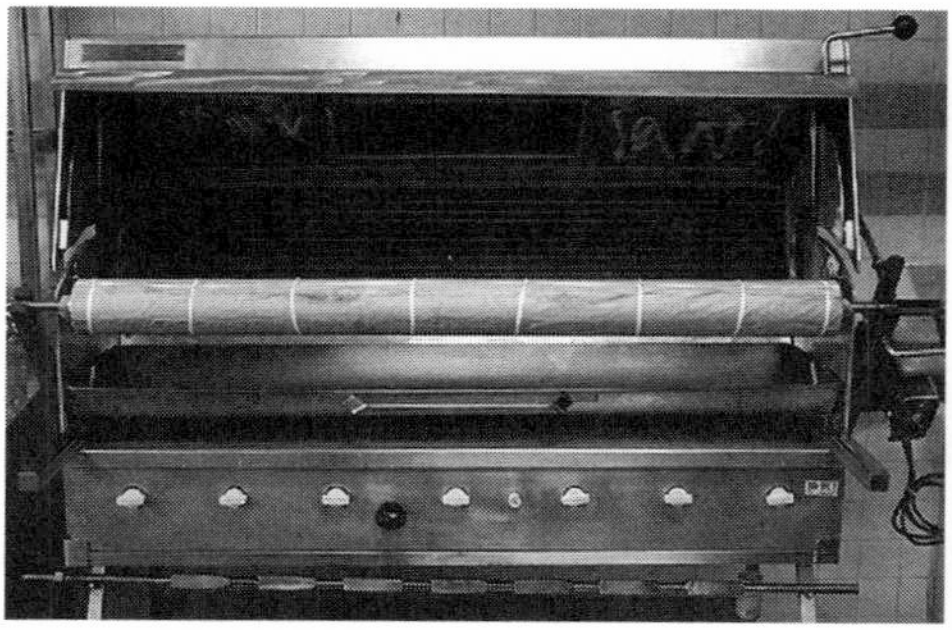

写真3-4　生地を付ける前のバウムクーヘンの心棒。紙を巻いてより糸でくくりつけている
（出典：同書37ページ、撮影：大山裕平）

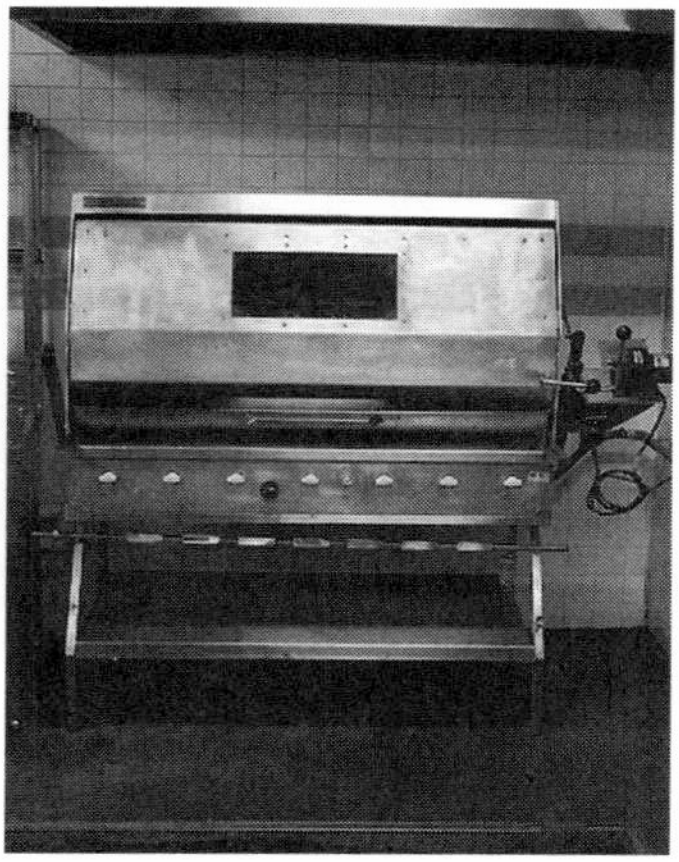

写真3-3　正面から見たバウムクーヘン専用オーブン
（出典：柴田書店編、安藤明技術監修『ドイツ菓子大全』柴田書店、2012年、撮影：大山裕平）

写真3-6　2回目の生地をつける
（出典：同書42ページ、撮影：大山裕平）

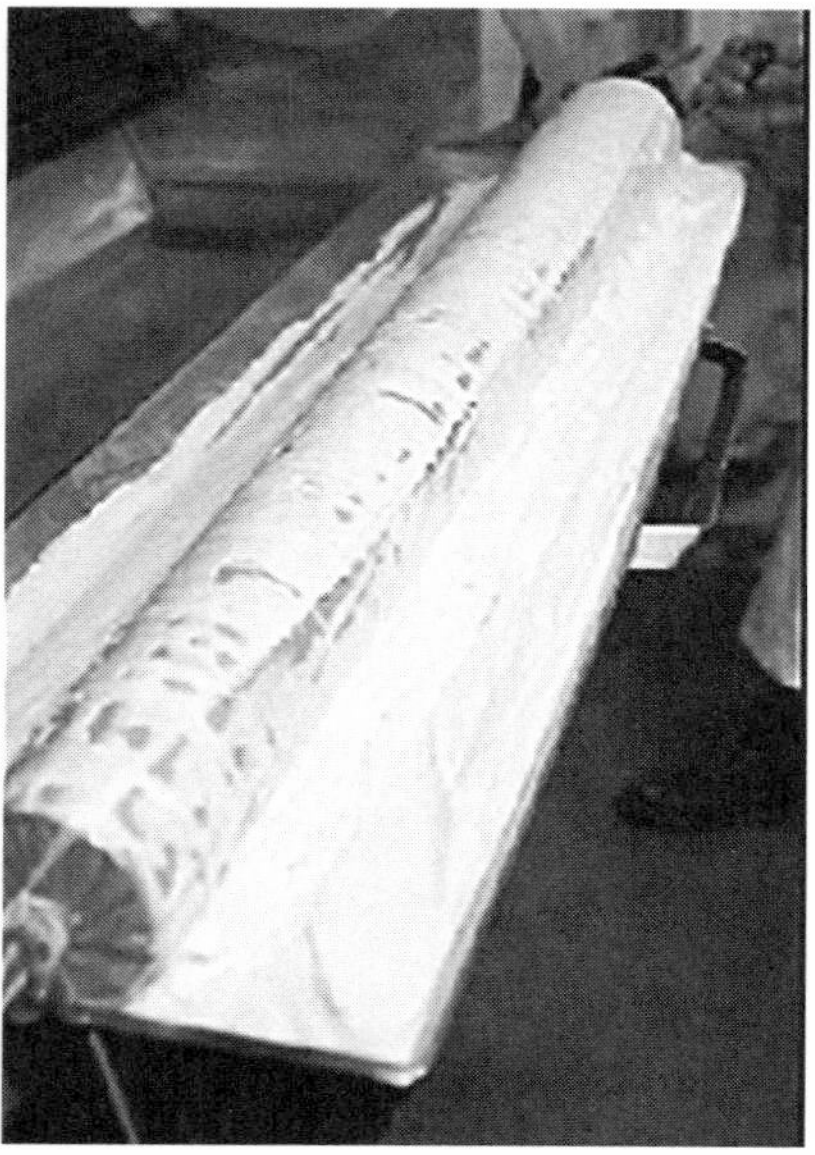

写真3-5　1回目の生地をつける
（出典：同書42ページ、撮影：大山裕平）

らに大手工場の製造ラインにまで広げる。藤波は取引先を広げることで自社に製菓業界の情報が集まることに気がつき、製菓機械の販売だけにとどまらずに、販売後の顧客管理にも力を注ぐようになる。この顧客との付き合いから収集した現場の声は、高騰する人件費や新製品開発に力を注げないという切実なものだった。そこでこの需要を踏まえて不二商会が開発したのが、シーケンサーと呼ばれる工業用コンピューターを内蔵したオーブン、つまり焼成の温度管理を自動化した電気式バウムクーヘンオーブンである。写真3―7は不二商会のバウムクーヘンオーブンFINDS 3-6である。

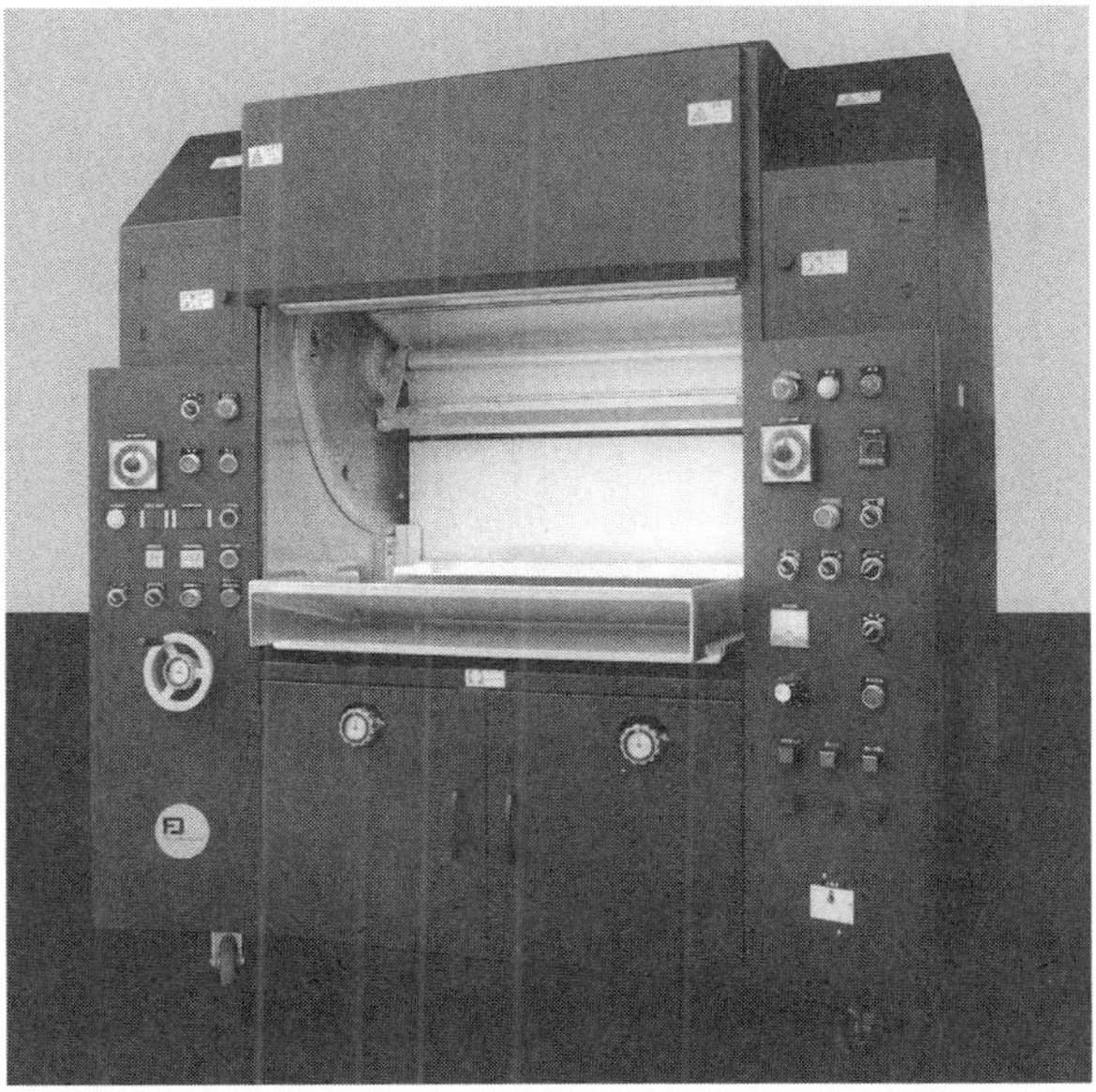
写真3-7　不二商会のバウムクーヘンオーブンFINDS 3-6（写真提供：不二商会）

写真3―7はオーブンの蓋を開けた状態で、なかほどの横長のスペースが生地をためておく場所である。左に心棒を手動で動かせるハンドルはあるが、心棒の移動も自動でできる。熱源は基本的に左右に設置された自動設定装置で管理する。

二〇一五年当時に不二商会の代表的なバウムクーヘンオーブンだったFINDS 3-6の特徴を記しているパンフレットをみてみよう。それには次の五つの特徴を挙げている。

1、シャッター機構により焼成炉と生地付部を独立させ、熱による生地痛みの減少・省エネ・作業者の環境を改善。シャッターで熱と蒸気を閉じ込めることで、しっとりとしたバウムが焼成できる。

2、熱源にバウムクーヘン焼成の基本である直火パイプバーナーと赤外線バーナーを併用することによって、生地中心まで火の通りが良くなり、よりソフト感がある製品ができる。
3、焼成時間自動設定方式により、三本焼き、六本焼各二モードの焼成時間が各焼層毎に設定できる。
4、シーケンサー（工業用コンピュータ）内蔵により、プロの技の再現と機械操作性の安全確立。
5、オプションで整形装置を設けられ、マウントバウム（ガトー・ピレネー）のような複雑な形状品も焼成できる。

内容を個々にみていく。

「1」は焼成時にシャッターを降ろして密閉した焼成炉内を作る機能である。熱と蒸気を閉じ込めることによって、しっとりと焼き上げることができる。ユーハイムで使っているドイツ製バウムクーヘンオーブンもドアは熱源前にあるが、手前に置いた生地の容器に庫内の熱が伝わるため、菓子職人はときどき生地を混ぜて温度むらをなくしたり、新しい生地を継ぎ足したりする必要がある。しかしながら、不二商会のものは焼成炉の部分と生地を置いておく部分を独立させて、生地の劣化を少なくし、作業の手間を省いている。

「2」は熱源の改善である。熱源として赤外線バーナーを併用することで火の通りがよくなり、さらにソフト感がある焼き上がりになるという。

「3」は焼成時間の自動設定装置である。焼成する本数に応じて焼成時間の設定が変わるという細やかな対応がなされている。安藤が強調した目視でおこなう生地を重ねるタイミングは、オーブンが自動的にしてくれるのである。

「4」はコンピューター内蔵の効能である。プロの技の再現とは、主に「3」に述べている生地を重ねるタイミングの見極めである。安全確立とは、火力調整が手動から機械作業になったことをさす。

「5」はオプションの案内である。設置することによって、マウントバウムのような凸凹があるバウムクーヘンで作り出すものである。

以上のことからわかるように、不二商会のオーブンを使えば熟練の焼成技術はほとんど必要ない。さらに不二商会は、顧客にバウムクーヘンのレシピ提供と製造の指導研修もおこなっていて、商品としてバウムクーヘンを提供できるまでの一式を請け負っているのである。二〇二〇年春の時点では、未経験者のアルバイトでも数カ月の指導研修を受ければ、バウムクーヘン焼成が可能だという。不二商会同様、製造に関する機械・レシピ・操作の指導について一式を提供するようなやり方はほかの製菓設備メーカーでも取り入れているところがあり、いまやバウムクーヘンの製造では菓子職人の熟練の技術は不要になったといわれる。また、菓子職人のもう一つの技術の柱である生地の製造は、当然これも不二商会のオリジナルレシピに基づいて研修指導をおこなう。しかしながら、ある程度経験を積んだ職人であれば、生地の製造は通常の製菓の作業と同質のものであるので、さほど障害はない。

不二商会は前述の特徴があるオーブンを二〇〇五年に開発して特許を取っていて、同年に発売を開始した。これはちょうど山本のクラブハリエの人気が全国的に広まり、日本製バウムクーヘンのブームが起こり始めたころである。〇八年ごろからは異業種によるバウムクーヘン専門店への参入が始まったと述べたが、これも不二商会だけではなく、本章第2節の項「国産バウムクーヘンオーブンの進歩」で挙げた数社の製菓設備会社による同種のテクノロジーを搭載したバウムクーヘンオーブンがあればこそ可能になったことなのである。ちなみに、クラブハリエが使っているオーブンは不二商会のものではない。

バウムクーヘンオーブンが熟練で体得される焼成技術を代行するようになると、それでは菓子職人の仕事はどこに向かうのだろうか。

製菓技術とは何か

ここからは製菓技術を別の角度から捉えてみたい。日本製バウムクーヘンブームを巻き起こした山本隆夫は実家の菓子店で洋菓子の技術を身につけた菓子職人だが、数々のコンクールに出場して自らの技術を高め、知名度を上げていった。本章第1節の項「日本製洋菓子の誕生」で述べたように、一九八〇年以降コンクールで入賞することは、ヨーロッパの有名店での修業歴とともに、日本人の洋菓子職人が帰国後に出資者を探して自身の店をもつための有効な手立てになっていた。クラブハリエのウェブサイトによると、山本はその後二〇〇一年にジャパンケーキショー東京の小型工芸菓子部門で優勝し、一〇年にはWPTC（World Pastry Team Championship）[81]のチームJAPANのキャプテンとしてチョコレートのピエス・モンテで入賞を果たし、一七年にはクープ・デュ・モンドの日本代表として氷彫刻とアントルメグラッセの部門で準優勝している。

それでは、コンクールで争われる技術とはどのようなものだろうか。日本国内で最もよく知られ、山本の受賞歴の最初に掲げられたコンクールの一つであるジャパンケーキショー東京の内容をみてみよう。ジャパンケーキショーは、東京都洋菓子協会の主催で毎年十月に開かれる日本で最大の洋菓子コンクールである。共催として全国洋菓子協会が名を連ねているが、一九七九年に初めて開催された東京現代洋菓子作品展が母体になっているため、いまでも東京都洋菓子協会が主催している。[82]ジャパンケーキショーは九つの部門に分かれていて、ピエスアーティスティック（アメ部門）の二〇一九年度の入賞作品が写真3―8である。

部門は次のように分かれている。デコレーションを競う第一部（第2章の写真2―2を参照）、ピエス・モンテと呼ばれる工芸菓子部門を競う第二部（写真3―8）、小型菓子の部門である第三部（写真3―9）と第四部、第五部と第六部は製菓学校で学ぶ学生や若手の菓子職人だけが応募できるもので、デコレーションケーキを出品する。さらに第七部は工芸菓子ピエス・モンテに実際に食べられる生菓子を組み合わせた味と技のピエス・モンテ部門（写真3―10）、第八部は菓子だけではなくショーウインドーを飾るディスプレー部門（写真3―11）、第九部はギフト菓子部門である。近年はこれに特別部門として国産米粉を使った焼き菓子部門を加えている。菓子が展示されることやこの九つの部門構成からみてもわかるように、菓子コンクールは主に外観の美しさを競うものである。二〇一九年の第二部ピエスアーティスティック部門の審査責任者である日高宣博は結果発表のあとで次のように講評している。

> 技術は高く精密に作られている作品が多いが、ピエス全体のストーリィ性と合っていない作品も見受けられた。パーツとしては綺麗に作られていても、生き物などをモンタージュした時の最終的なバランスが取れていないと良い作品とは言えない(83)。

写真3-8　実物は第2部の工芸菓子部門で縦30センチ、横30センチ、高さ50センチ内というサイズ指定がある
（出典：前掲「GÂTEAUX」2019年12月号、18ページ）

「生き物」というのは飴で作った花や虫のことで、製菓の世界ではモンタージュは「組み立て」という意味に使われる。ピエス・モンテの主体である飴細工は、できあがりの艶と形状が作り手の技術を表す。つまり「技術は高く精密に作られている」と技術は十分だが、「最終的なバランスが取れていないと良い作品とは言えない」とする。つまり技術はあるものの最終的なバランス、つまり作品全体として訴えかけてくるものがないといい作品ではないというのである。審査の基

写真3-9
（出典：同誌34ページ）

準は、細工を仕上げる技術もさることながら、工芸品としての完成度も問われる。これは第2章で取り上げた菓子の歴史をみれば首肯できる。近代フランス菓子を切り開いたカレームは、建築物を題材に取った緻密で美しい工芸菓子（図2―3・図2―4を参照のこと）で新しい時代を切り開いたし、ドイツで現在菓子職人を意味するコンディトアは、宮廷の宴会での装飾菓子を作る菓子職人の称号だった。すなわち、製菓技術の根幹は外観の美しさだといえる。

では、菓子のコンクールでは味覚は問われないのだろうか。かつてはそうだった。日本のコンクールで味覚審査がおこなわれるようになったのは、前述した一九七九年のジャパンケーキショーの前身、東京現代洋菓子作品展からである。[84] 現在は第七部で味と技のピエス・モンテ部門がある。写真3―10の作品には丸いチョコレートケーキがあるが、この菓子は同様に作って審査員に配り、試食されるのである。しかし審査の配点はピエス・モンテの外観の美しさが六に対して味が四である。菓子界で最も影響力があるコンクールは本章第1節の項「日本人菓子職人の海外飛躍」で述べたフランスのクープ・デュ・モンドである。そこでは審査の基準を味、外観の美しさ、オリジナリティーと謳っている。内容は氷彫刻部門、チョコレート細工部門、飴細工部門に分かれているが、特にチョコレート細工部門では、チョコレートの小菓子の盛り合わせで味覚を審査する。しかし、これも味をいちばんに挙げてはいるものの、実際のところはクープ・デュ・モンドでもピエス・モンテの外観が勝敗を決めるといわれる。味覚については優劣がつけがたいとい

写真3-11
（出典：同誌49ページ）

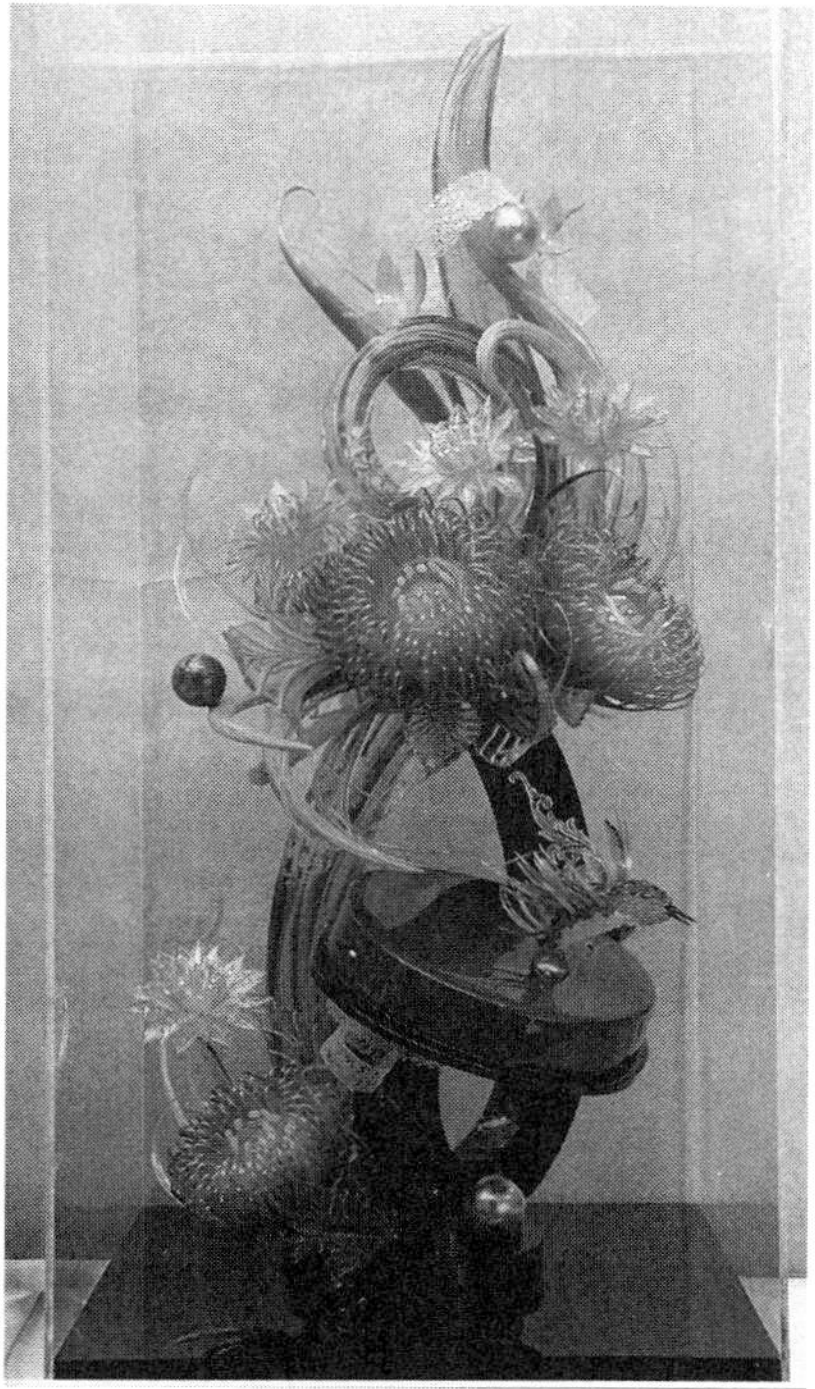

写真3-10
（出典：同誌45ページ）

うのがその理由とされる。

外観が技術を表すという考え方が菓子業界の認識であるならば、バウムクーヘンの美しい焼き色が菓子職人の腕前を証明するという意味がいまさらながら重みを増してくる。しかし、いまやその技術を丸ごとテクノロジーが請け負うのである。ジャパンケーキショーの講評からもわかるように、菓子職人の腕の見せどころであるピエス・モンテの飴細工やチョコレート細工も温度管理が自動化された機械が普及しているためか、完成度は高い。つまり、飴の独特の光沢を出すには厳密な温度調整の熟練技術が必要だが、この技術はデジタルで温度を表記する温度管理機能をもつ電気の加熱機械が開発されたことによって比較的容易になっている。同じくテンパリングと呼ばれるチョコレート細工の要所である温度管理は、三十年ほど前は職人が自分の下唇に当てて確認していたものだった。しかし現在では、デジタルで表示する温度管理機能が付いたボウルを使っている。経験で会得されていたものは、いまや機械が代行するようになっているのである。

設備会社が提供したレシピどおりに生地を作り、プログラムを内蔵したバウムクーヘンオーブンで焼けば、熟練の菓子職人でなくとも均一な層と適正な焼き色をもつ、おいしいバウムクーヘンを焼き上げることができる。この事実は何をもたらしたのだろうか。

テクノロジーからの問いかけ

日本製バウムクーヘンの誕生に先鞭をつけた山本は、子供のころに実家の菓子工場でできたてのバウムクーヘンにかぶりついたという思い出がクラブハリエの「バームクーヘン」を生んだ発想の源と語っている。[85] 菓子職人である山本の仕事はこの思い出を発見するところから始まり、その思い出の味を自身の製菓技術で新しい菓子として作り上げたことである。また、前述した二〇一九年のジャパンケーキショーでの日高の講評の内容、すなわち「最終的なバランスが取れていないと良い作品とは言えない」とは、部分の完成度にとらわれて作品全体を見る視点の欠落を指摘している。テクノロジーの発達で精緻な仕上がりは容易になっているが、菓子職人の仕事はその先、つまり、どのようにして見る人に訴えかけるピエス・モンテを作るかにあるというのである。熟練を要する微妙な温度調節を伴う焼成技術を自動化した不二商会の藤波が「朝日新聞」の「バウムクーヘンをたどって5」で語った内容は、日本製バウムクーヘンの次なる段階を示唆するものである。[86] 顧客のなかで成功する人とは、という問いに対して藤波は「マニュアルからちょっと逸脱できて、発想と情熱で「突き抜けられる」人」と答えている。加えて韓国やアメリカでも営業展開している藤波は、そこでも「物まね」では売れないと強調している。以上の話に共通することは、テクノロジーによって菓子職人の仕事の内容は変わってしまったということである。なるほど機械を制御するには基本的な製菓の知識が必要だが、菓子職人に求められるものはもはや製菓技術の鍛錬ではなく、新しい発想と創意なのである。

菓子職人の新しい仕事になった人間にしかできないこの新しい発想と創意を、焼成が自動化されたバウムクーヘンオーブンの普及と関連づけてみていきたい。それまでバウムクーヘン製造の要は焼成にあった。しかしながら不二商会のバウムクーヘンオーブンFINDS3-6は焼成時間自動設定方式を内蔵しているから、微妙な火加減は自動的にやってくれる。つまり、ある程度のトレーニングを受ければ、熟練の職人でなくとも適度に焼き色がついたバウムクーヘンを焼くことができるのである。であるならば、味わいを変えるしかない。わかりやすい例を挙げれば、抹茶やチョコレート風味の生地を作り出すことである。また、焼成法の基準自体を考え直すという方向もある。山本は、工場にあった数ある菓子のなかで食べ飽きなかったのはバウムクーヘンだったと語っている。これは幼少の山本がバウムクーヘンを好んだという問題ではない。バウムクーヘンは仕上げに薄く砂糖衣を施すが、焼きっぱなしの菓子である。焼き菓子は焼き色がついたところとなかの部分では味わいが違う。カステラを例にとるとわかりやすいが、なかの卵色の生地と表面や底の茶色の焦げた部分では明確に味わいが違う。バウムクーヘンの味覚上の利点はここにある。生地の間に焼き面が重なることによって生まれる香ばしさが特有の味わいを作り出しているのである。これは、一度に焼成する厚みがある生地には出せない味わいである。つまり、バウムクーヘンは生地の厚みを変えて焼き具合を変えれば、味わいはさまざまに変化する。たとえば、これまでは失敗とされてきた黒く焦げた部分のちょっとした酸味もアクセントになるかもしれない、という発想である。最新のバウムクーヘンオーブンを使う菓子職人の仕事は、焼成技術の鍛錬ではなく、新しい味覚の開発になっている。(87)

バウムクーヘンの新段階

第２章でも述べたように、バウムクーヘンは三度大きな変化を遂げて形作られてきた。一度目は簡易的なパンが宴会料理へというもの、二度目は高名な職業料理人が作り上げた贅沢な発酵パン菓子から家庭内で遊びながら作られる菓子へというもの、そして三度目は家庭で楽しまれた菓子が職業料理人や菓子職人の規範技術で作られる菓子へという変化だった。一度目の変化は食べ物としての意味の反転だったといえる。パン焼き窯が使えないことから生まれた苦肉の策のパンが、宴会のために料理人が手をかけて作るごちそうに変わったのである。二度目の転換は食べ物としての立場の反転だった。宴会でのごちそう、つまりハレの食べ物が家庭内に持ち込まれたのである。三度目の転換は家庭の素朴な菓子だったものを再度、菓子職人の製菓技術で味覚、仕上がりともに贅沢な菓子に変貌させたのだった。

そして二十一世紀の日本で、バウムクーヘンには四度目の変化が起きている。この変化はドイツのバウムクーヘンのレシピ自体を根本から変えて日本風の味わいを作り出しただけではなく、焼成技術を自動化するというものである。二十世紀頭にドイツで完成し、のちに「菓子の王」と称されて菓子職人の腕前を測る菓子になったバウムクーヘンを「菓子の王」に押し上げたのは、長時間かけて火を操りながら美しい褐色に焼き上げるという焼成技術の妙が腕前の証しとされたからである。その重要な焼成技術を機械化することで「日本製バウムクーヘン」は生まれた。つまり「日本製バウムクーヘン」は、二十世紀初頭のドイツの近代化の波にもさらわれなかったバウムクーヘンの前近代性をバウムクーヘンから拭い去り、熟練の技をテクノロジーに置き換えたバウムクーヘンの新段階といえる。

まとめ

明治時代以降、日本は政府と民間がそれぞれ独自の経路での洋菓子導入を図ってきた。しかしながら、明治時代の洋菓子の製造はまだ在日フランス人の料理人による伝授やヨーロッパを視察した人々の体験に頼るものだった。大正時代に入って日本の都市部の生活が西洋化するにつれて、日本でも洋菓子を受け入れる土壌ができる。バウムクーヘンが日本に導入されるようになったのはこのころである。伝えたのはドイツ人カール・ユーハイムで、彼は第一次世界大戦中のドイツの租界地だった青島で菓子店を営む菓子職人だった。戦後、ユーハイムは銀座のカフェ・ユーロップに就職し、バウムクーヘンをはじめとするドイツ菓子を提供する。ユーハイムは一九二二年には独立して横浜に自身の店をもつ。関東大震災で罹災したあと店を神戸に移転するが、そこでもドイツ菓子を提供して店を繁盛させていく。なかでもバウムクーヘンは婚礼の祝い菓子として注目される。特に輪切りにして化粧缶に入れた製品は、その「年輪」が寿を意味するとして七〇年代には結婚式の引き菓子として定着していく。

バウムクーヘンが日本で親しまれるにつれて国内でのバウムクーヘン専用オーブンの開発が進み、バウムクーヘンはユーハイムだけが製造する菓子ではなくなった。そして専用オーブンの普及はバウムクーヘンの大衆化を促し、ミニバウムクーヘン生地を使った土産菓子にまで広がる。同時に一九七〇年以降の日本の洋菓子の状況は急激に変化していく。七〇年に開催された万国博覧会のあとに欧米の菓子産業の進出が進み、またヨーロッパで修業をして店を出す菓子職人も現れる。特に八〇年から九〇年代は日本の洋菓子界が大いに発展した時期だった。このような時代にあって婚礼の引き菓子の代名詞のようになったバウムクーヘンは、引き菓子だったために保存期間を長く保つよう包装されたことでパサパサした菓子というイメージが定着してしまう。

一方で日本の洋菓子界は活況を呈する。ヨーロッパで修業した菓子職人たちが力をつけ、ヨーロッパの有名なコンクールで入賞することも珍しくなくなる。二〇〇六年にフランスの有力な菓子職人協会ルレ・デセールが東京でセミナーを開催したことに象徴されるように、日本人菓子職人が作る菓子はヨーロッパの菓子職人の間でも一目置かれる存在になる。こうした状況のもとで、一九七〇年代生まれの菓子職人のなかからは、もはやヨーロッパでの修業は必要とせず、日本で製菓技術を身につけてヨーロッパの菓子コンクールで腕試しをする者が現れる。この世代の菓子職人である山本隆夫が作り出したのが、新しいバウムクーヘンである。ドイツのバウムクーヘンに範をとることはせず、山本自身がおいしい思う味を追求したところから創作したこの菓子は「日本製バウムクーヘン」と呼ぶべきものだった。

山本の店クラブハリエのバウムクーヘンは日本中にバウムクーヘンブームを起こす。そしてこの「日本製バウムクーヘン」ブームの背景には、それまで熟練の技術が求められたバウムクーヘンの焼成を自動でおこなう機能を内蔵したバウムクーヘンオーブンの開発があった。この製菓技術を機械化したバウムクーヘンオーブンを作り出した製菓設備会社は、バウムクーヘンのレシピの提供とともに、経験が浅い人間を短期間の研修でバウムクーヘンの焼成に導くことまでも手がけるようになる。十九世紀後半の近代化が進むドイツ菓子のなかにあって、製法の前近代性のために「菓子の王」になったバウムクーヘンだったが、菓子の先進国になった日本で二十一世紀直前にシーケンサー（工業用コンピューター）を内蔵する精巧なオーブンが熟練の焼成技術を代行する菓子へと転換している。「日本製バウムクーヘン」は味覚上の独自性をもつ菓子であると同時に、菓子職人のあり方をも問い直すものにもなっている。

注

（1）吉田菊次郎『西洋菓子彷徨始末——洋菓子の日本史』朝文社、一九九四年、一五六—一五七ページ
（2）これとは別に江戸幕府は国交として朝鮮通信使と琉球使節を迎えている。朝鮮との折衝は対馬藩、琉球国との折衝は薩摩藩があたっていたため交易も許されていたとされる。
（3）西川如見、飯島忠夫／西川忠幸校訂『町人嚢・百姓嚢 長崎夜話草』（岩波文庫）、岩波書店、一九四二年。これは、江戸中期（一六四八—一七二四年）の学者・西川如見による長崎の故事来歴や見聞をまとめた書である。
（4）原田信男『和食と日本文化——日本料理の社会史』小学館、二〇〇五年、一三五—一三九ページ
（5）同書一二二ページ、新星出版社編集部編『和菓子と日本茶の教科書』新星出版社、二〇〇八年、一七ページ
（6）池田文痴菴、日本洋菓子史編纂委員会監修『日本洋菓子史』日本洋菓子協会、一九六〇年。同書は古代から室町時代までの菓子の発達史を序とし、南蛮菓子が伝わった室町末期から一九六〇年までを十期に区切り、各時代の菓子の資料を当時の風俗を交えて集積した千二百八十八ページに及ぶ労作である。

(7)同書一六九ページ、前掲『西洋菓子彷徨始末』一六九ページ。吉田はサミュエル・ペールではなく、サミュエル・ピエールではないかと指摘している。
(8)凮月堂は同名の店が多い。凮月堂を名乗る店には、米津松蔵が修業した凮月堂本店が暖簾分けした店と米津凮月堂の支店がある。米津凮月堂は身内の者は分店、店から独り立ちした者は支店とした。前掲『西洋菓子彷徨始末』一七八―一八〇ページ
(9)当時の日本船舶の船長はイギリス人であり、乗組員もイギリス仕込みの者が多かった。おのずと菓子にもイギリスの影響があり、ビスケットなどを焼いていた。当時の外国航路の料理と菓子は利益度外視で贅沢なものを提供していたという。前掲『日本洋菓子史』八三八―八四〇ページ
(10)森永太一郎は現在の佐賀県伊万里市出身。一八八八年に渡米した当初は陶磁器の販売を試みたというが失敗。当時アメリカで成長産業だったキャンディーやマシュマロなどの工場生産の菓子に目をつけて、苦難の末に製造を身につける。現在の森永製菓の創始者である。
(11)国産初のバター製造は、Jミルクの「バターの歴史」によると一八七二年の北海道開拓第三官園実習農場でとされるが、これはあくまで試作だった（Jミルク「バターの歴史」〔https://www.j-milk.jp/findnew/chapter3/0102.html〕［二〇二〇年五月十三日アクセス］）。八丈島は江戸時代中期から農作業の運搬や闘牛のために牛の飼育が盛んだったという下地があったためにバターの製造が試みられた。製菓業界では国産初のバター製造は七九年だとされる。前掲『西洋菓子彷徨始末』三一八ページ
(12)一九一六年に発足した東京菓子と大正製菓が翌年に合併してできた東京菓子は二四年に明治製菓になって、森永製菓とともに日本の菓子メーカーの双璧に発展する。
(13)明治時代には、米津恒次郎とともに洋菓子研究に熱心だった人物に藤田武次郎がいた。彼は江戸時代から続く和菓子店・壺屋の店主だったが、一九〇四年に元従業員に殺されて店は途絶える。前掲『日本洋菓子史』七一二―七一四ページ
(14)森永が明治後半に主に製造していたのはアメリカでは駄菓子の部類に入るマシマロだった。この森永のマシマロを取り扱ったのは凮月堂のような洋菓子店もあったが、榮太樓總本鋪や塩瀬総本家などの和菓子舗も含まれていて、洋

菓子という認識は薄かったと思われる。前掲『西洋菓子彷徨始末』一八三―一八六ページ

(15) 原田は前掲『和食と日本文化』で、海外事情に詳しい知識人たちが洋菓子を含む西洋料理の普及に深く関与したことを述べている(一五九―一七六ページ)。また、岡田哲『とんかつの誕生――明治洋食事始め』(〔講談社選書メチエ〕、講談社、二〇〇〇年)八四ページで、一八八六年には、外国人との交際の機会が増えたにもかかわらず、西洋料理を食べ慣れずにテーブルマナーがわからない上流階級の夫人や令嬢を集めて築地精養軒で毎月三回の婦人洋食会が開かれていたと記している。

(16) 神野由紀『百貨店で〈趣味〉を買う――大衆消費文化の近代』吉川弘文館、二〇一五年、三八―三九ページ

(17) 前掲『西洋菓子彷徨始末』一七四ページ

(18) 前掲『日本洋菓子史』四六〇ページ

(19) 同書五三六―五四〇ページ

(20) パリのカンボン通りにあった菓子店。当時一流と評される人気店だった。前掲『日本洋菓子史』九二二―九三一ページ、前掲『西洋菓子彷徨始末』三二三ページ

(21) ユーハイムはのちに広島の似島収容所に移動させられるが、広島市似島臨海少年自然の家ドイツ人俘虜には、捕虜の数は四千六百九十七人だったと記してある。しかしこれは軍人だけではなく、民間人も合わせた人数である。「ドイツ人俘虜(ふりょ)収容所」「広島市似島臨海少年自然の家」(http://www.cf.city.hiroshima.jp/rinkai/heiwa/heiwa008/german%20prisoners%20camp.html)[二〇二〇年四月十三日アクセス]

(22) ホテルの支配人だったセザール・リッツと組んで、モンテカルロのグランドホテルやロンドンのサヴォイホテルを美食で客を呼ぶホテルとして成功させる。それまでのホテルは単に宿泊施設という役割を担う存在だった。

(23) 前掲『和菓子と日本茶の教科書』二六―二七ページ。残る約四〇パーセントに関しての記述はない。

(24) 前掲『西洋菓子彷徨始末』三三二ページ

(25) UIPCGはユニオン・インターナショナル・パティスリー・コンフェクショナリー・グラスシエ(Union International Pâtisserie Confectionery Glacier)の略で世界洋菓子連盟と呼ばれる。Confectionery は Confiserie ともされる。日本洋菓子協会の道面浩によると、フランスが母体になって始まった会であるため、フランス語と英語が併

用されるという。日本ではパティスリー（小麦粉を使った焼成生地を使った菓子）、コンフェクショナリー（砂糖菓子）、グラスリー（冷菓）をまとめて洋菓子としている。

（26）持田謙二「最近の洋菓子界の動向について」二〇一〇年七月、「農畜産業振興機構ウェブサイト」（https://www.alic.go.jp/joho-s/joho07_000113.html）［二〇二〇年四月十二日アクセス］

（27）Concours Gastronomiques d'Arpajon アルパジョンはパリ南西三十キロに位置する街。毎年秋の豆の収穫祭に合わせて、飴細工、チョコレート細工の工芸菓子のコンクールを開いている。

（28）前掲『西洋菓子彷徨始末』三三八ページ

（29）フランスの菓子職人の会ルレ・デセールが優秀な職人発掘のため始めたコンクールだが、開催は不定期である。ルレ・デセールについては注（35）を参照。

（30）リヨンで開催される国際外食産業見本市での催しとして一九八九年に始まり、二年に一度開催している。氷細工、チョコレート細工、飴細工などの工芸菓子があるが、外観、オリジナリティーとともに、味を重視するのが特徴。

（31）福岡県糟屋郡にある一九五〇年創業の製菓用オーブン製造会社。南蛮窯はコンピューターによる温度管理機能を搭載した初の業務用オーブンである。

（32）農畜産業振興機構、持田は前掲「最近の洋菓子界の動向について」で、この時代の菓子職人は〝コンクール世代〟と呼ばれるとしている。

（33）イチゴのショートケーキの形成については諸説ある。有力な説としては、一九二三年ごろに現在の不二家によってアメリカの菓子を手本にして生み出されたというものである。手本になったアメリカのものはビスケット生地だったが、不二家によって軟らかいスポンジ生地に生のイチゴと生クリームを合わせた現在の形態になったとされる。前掲『お菓子の由来物語』一三ページなど。

（34）フランスでの修業を終えてコルドンブルー・東京のシェフパティシエを経て一九九四年に独立した寺井則彦や十一年間フランスで菓子職人として働いた実績をもつ木村成克が九八年に開店したラ・ヴィエイユ・フランスなどにはイチゴのショートケーキはない。

（35）フランスで創設された菓子職人による質が高い菓子を作るための意見交換や交流を目的とする会。入会には会員二人の推薦と実技試験の通過が必要とされる。
（36）このとき入会したのは、福岡のパティスリー・ジャック店主・大塚良成、東京・自由が丘のオリジーヌ・カカオの店主・川口行彦、東京・下落合のエーグルドゥースの店主・寺井則彦。
（37）末吉美栄子「ルレ・デセール メンバーは東京で何を見たのか」（「料理通信」二〇〇六年九月号、料理通信社）一七―二三ページ以下、関連記事が続く。同誌では、東京を〝世界有数のスイーツ都市〟と表現し、ルレ・デセールの会員たちの東京への興味の高さを語っている。
（38）フランスのミシュラン社が出版しているガイドブック。ミシュラン社はタイヤメーカーだが、一九〇〇年のパリ万国博覧会の際にドライブのためのガイド本として作られた。レストランやホテルの評価を星の数で表すことで知られるのは、赤い表紙の『ミシュランガイド』である。
（39）前掲『デモ私 立ッテマス』、頴田島一二郎『カール・ユーハイム物語――菓子は神さま』（新泉社、一九七三年）を参考にした。
（40）江本硯／藤川昌樹「中国青島市における並木道空間の形成（1891-1945）」「日本建築学会計画系論文集」第七十八巻第六百九十三号、日本建築学会、二〇一三年、二三二一―二三二三ページ
（41）そのなかの千葉県の習志野収容所と福岡県の久留米収容所は音楽の演奏活動が盛んだったことで知られる。大津留厚『捕虜が働くとき――第一次世界大戦・総力戦の狭間で』（レクチャー第一次世界大戦を考える）、人文書院、二〇一三年、一〇六―一〇七ページ
（42）同書一一五―一一六ページには展示即売会の模様を伝える「中国新聞」の記事を所収している。それによると、好奇心いっぱいの人々が開館前から館前につめかける盛況ぶりで、人々は作品に驚異の目を見張ったとされる。
（43）日本はすでに一九一五年のはじめに捕虜の職業調査をおこなっていて、陸軍は先進の技術をもった捕虜を官立の事業所だけでなく民間でも雇用することによって日本の産業の発展に資することが可能ではないか、と考えていたという。同書一〇四ページ
（44）前掲『カール・ユーハイム物語』八一ページ
（45）ドイツ菓子ではザントマッセと呼ばれる生地の焼き菓子。小麦澱粉を使うため軽い食感をもつのが特徴。ユーハイ

ムはカステラになじんでいる日本人の味覚を考慮したと思われる。
(46) 広島市「ドイツ人俘虜（ふりょ）収容所」にはユーハイムが使っていたレシピの写真は残っている。前掲「ドイツ人俘虜（ふりょ）収容所」
(47) 当時のカフェ・ユーロップの菓子名はチェリーケーキ、プラムケーキ、アップルパイと英語名が並ぶ。前掲『デモ私立ッテマス』八七―八八ページ
(48) 同書二七ページ、前掲『カール・ユーハイム物語』九八―一〇〇ページ
(49) 前掲『日本洋菓子史』八二一―八二五ページ
(50) 前掲『カール・ユーハイム物語』一一八ページ
(51) 前掲『デモ私立ッテマス』一八三、一九四―一九六ページ
(52)「週刊平凡」一九六〇年十二月十四日号、平凡出版
(53) 粉砂糖と卵白、それに増粘剤などを混ぜて作るペースト状のもので細工をした工芸菓子の手法の一つ。ヨーロッパの宴会には欠かせない装飾だったことから、現在でもイギリスを中心にウエディングケーキのデコレーションとして作られている。
(54) Krauß, *op. cit.*, S. 186 ff.
(55) *Ibid.*, S. 187.
(56) Hahn, op. cit., S. 409 ff.
(57) Krauß, *op. cit.*, S. 191. クラウスはバウムクーヘンを切り分けて販売した最初の事例として、一九〇七年のティルジットで、焼成後に割れてしまったバウムクーヘンを一口大に切り分けてチョコレートで覆った商品を挙げている。
(58)『広辞苑』第七版、岩波書店、二〇一八年、二二七四ページ
(59) 棚橋節子／内田厚子／神谷すみ子／横山美智子『あたらしい家庭の冠婚葬祭――これからのおつき合いとマナー』新日本法規出版、一九九九年、一六三ページ
(60) ねんりん家の親会社は、デザートの専門店や東京ばな奈で有名な土産物菓子店を製造販売するグレープストーンである。二〇一九年からは以下のような紹介文に変わっている。「一層ずつ焼き重ね、やがて年輪と呼べるお菓子とし

て完成するバウムクーヘンは、ベーシックで素朴な味わいの焼き菓子として、ヨーロッパで誕生しました」「銀座ねんりん家ウェブサイト」(https://www.nenrinya.jp/)［二〇二〇年一月三十一日アクセス］

(61)前掲『菓子たちの道しるべ』五八ページ

(62)現在は、帝国ホテルとホテル・オークラ、ホテルニューオータニ東京は、ホテル内でバウムクーヘンを製造している。帝国ホテルの広報によると、同ホテルでは二〇一五年からホテル内で製造するようになったという。

(63)「長崎物語」の栞には「ロマンあふれる物語を丁寧に包み込んだ異国情緒豊かな銘菓」とあり、包装紙には一六三九年の切支丹禁制によってジャガタラ(現在のジャカルタ)に追放された人々がつづったとされる手紙「ジャガタラ文」を文様にした更紗の写真が使われている。

(64)バウムクーヘンはドイツ語の発音に準じた呼び名だが、バームクーヘンは話し言葉で伝えられた日本語の呼び名である。このニュアンスの違いは本書一六四ページで後述するように、「朝日新聞」のインタビューで山本隆夫が説明している。

(65)「長崎物語と博多の女と伊達絵巻」二〇一三年十一月二十七日、「最終防衛ライン3」(https://lastline.hatenablog.com/entry/20131127/1385501526)［二〇二〇年四月十四日アクセス］

(66)ディスカバージャパンは国鉄の経営不振を打破するための個人旅行の喚起策だったが、観光地の宿を巻き込んで国内観光のあり方そのものを変えるブームになる(桑本咲子「ディスカバー・ジャパンをめぐって――交錯する意思から生まれる多面性」、大阪大学大学院文学研究科日本学研究室『日本学報』編集委員会編「日本学報」第三十二号、大阪大学大学院文学研究科日本学研究室、二〇一三年、一三九―一四二ページ)。また福岡の中州に本店を構える辛子明太子のメーカーふくやの社長川原武浩によると、辛子明太子はデイスカバージャパンと新幹線の影響で一九七〇年代に福岡の土産物として注目されるようになった。

(67)一九七〇年三月に当時の平凡出版、現在のマガジンハウスが創刊した女性ファッション雑誌。

(68)一九七一年五月に集英社が創刊した女性ファッション雑誌。

(69)畑中三応子『ファッションフード、あります。――はやりの食べ物クロニクル1970-2010』紀伊國屋書店、二〇一三年、七二―九八ページ

(70) 岡田敏一「【一聞百見】アカンかった人のバームクーヘン立志物語」(「産経WEST」二〇一九年七月二十六日付〔https://www.sankei.com/article/20190726-GKO6MEU6DFPPIDRNUZOEAPFF4/3/〕〔二〇二〇年四月十四日アクセス〕)に「当時〔一九九九年：引用者注〕のバームクーヘンは引き出物として配られることが多く、数ヶ月持たせるため食感もパサパサで」という記述がある。

(71) 同記事

(72) 金井和之「バウムクーヘンをたどって1」「朝日新聞」二〇一四年一月二十七日付

(73) ユーハイム中央工場製造部部長(当時)杉浦寛幸によると、バウムクーヘンは婚礼菓子ブームのあとに、一九九五年ごろからパサパサ感が見直されるようになり、九七年にはしっとりとした食感に生まれ変わって第二次ブームがあったという。しかし、これは限られた洋菓子愛好家内の動きだった。クラブハリエ以降が第三次バウムクーヘンブームということになる。高島麻衣子「ドイツ菓子の老舗ユーハイムのバウムクーヘンへのこだわり」「café sweets〔カフェスイーツ〕」(柴田書店MOOK)第四十七号、柴田書店、二〇〇五年、三二ページ

(74) この動きの発端になったのは、二〇〇三年に兵庫県三田で小山進が開業したパティシェ・エス・コヤマである。同店はロールケーキとプリンとともにバウムクーヘンを主力商品とした。小山のバウムクーヘンは「おもいでの大きな樹」という名で、小さなサイズのものが〇四年当時一日百五十本売れたという(同記事二八―二九ページ)。小山のバウムクーヘンはいわばしっとりタイプで、焼き上げて二、三日後から店頭に並べている。このことから、ドイツに範をとった従来の焼き菓子の延長にあると考えられる。小山は一九六四年生まれで、七〇年から二〇〇二年まで神戸で開業していたスイス菓子ハイジで修業した菓子職人である。小山は〇九年からフランスのチョコレートのコンクールで入賞を重ねている。

(75) 日本人がしっとりとした軟らかさを好むことは菓子業界ではよくいわれることである。それは和菓子が水分を含みしっとりとした食感をもつことに現れているとされる。弓田亨『Pâtisserie française その imagination――I．日本とフランスにおける素材と技術の違い』イル・プルー・シュル・ラ・セーヌ企画、一九八五年、二一―二三ページ

(76) 前掲『ドイツ菓子大全』一〇ページ

(77) 今田美奈子『お菓子の手作り事典』(講談社、一九八九年)二四ページ、弓田亨／椎名眞知子『一人で学べるイ

ル・プルーのパウンドケーキ　おいしさ変幻自在』（『嘘と迷信のないフランス菓子教室』）、イル・プルー・シュル・ラ・セーヌ企画、二〇〇七年）二四ページほか。

（78）Krauß, *op. cit.*, S. 191 ff.

（79）前掲『ドイツ菓子大全』三七ページ

（80）同書三六ページ

（81）WPTCは二〇〇二年からアメリカで開催される菓子職人の国際コンクール。部門はヨーロッパのものを踏襲しているが、採点基準は菓子の味と食感に重きを置くとしている。

（82）日本の菓子コンクールには全国菓子博覧会の品評会もある。全国菓子博覧会は、和菓子も含む全国の製菓業者が組織する全国菓子工業組合連合会などの主催で一九一一年に始まった。前掲『日本洋菓子史』七七一ページ、前掲『西洋菓子彷徨始末』三二二―三三一ページ

（83）「特集 2019ジャパン・ケーキショー東京」「GÂTEAUX」二〇一九年十二月号、日本洋菓子協会連合会、二〇ページ

（84）「1979年東京現代洋菓子作品展」（「GÂTEAUX」一九七九年十二月号、日本洋菓子協会連合会）の記事によれば、このとき一部味覚の審査もおこなわれている。この前は一九七四年に開催していて、その模様は「’74洋菓子コンテスト」として同誌一九七四年十二月号に記載してあるが、審査基準は技巧、構成、色彩だけである。

（85）本章第2節の項「日本製バウムクーヘンの誕生」で引用した「産経新聞 WEST」を参照のこと。

（86）金井和之「バウムクーヘンをたどって５」「朝日新聞」二〇一四年一月三十一日付

（87）本章第2節で紹介したドイツ人菓子職人カール・ユーハイムが広島の展示即売会でバウムクーヘンを焼いた日が三月四日で、この日は二〇一〇年にバウムクーヘンの日と制定された。ユーハイムはこの日に合わせて、そごう神戸とそごう広島でバウムクーヘンの催事をおこなっていたが、徐々に規模が大きくなり、数年前からバウムクーヘン博覧会と銘打って、全国のバウムクーヘンを集めた大規模な催し物になっている。ユーハイムの広報によると、二二年のバウムクーヘン博覧会には全国からさまざまなバウムクーヘンが約二百五十種類集まった。

終章　再び、串に生地を巻き付けて直火で焼く方法

ここまで、バウムクーヘンの発達史をレシピつまり菓子の設計図を手がかりにたどってきた。本章では視点を変えて、レシピから推し量ることができる味からバウムクーヘンの発達史を振り返ってみることにする。

ここで述べる味とは、レシピから推測することができる範囲のものである。いうまでもなく、味わいの感覚は主観的な要素が強い。加えて、食品に対する好みは民族・地域・生育環境によって異なるうえに、食履歴によって変化するものでもある。(1) さらに、レシピは単純なものであればあるほど作り手の技量が味に反映されるので、レシピだけで味を決めつけることはできない。したがって、あくまでもレシピから推測できる範囲のものにする。

本書で検証したバウムクーヘンの発達史九期区分のそれぞれのレシピの味を推測すると以下のようになる。

1　バウムクーヘンの味の変遷

第一期のオベリアスはまずいが……

古代ギリシャの神ディオニュソスが放浪の旅で案出したと伝えられる串焼きパンであるオベリアスの生地はスペルト小麦をこねたパン生地とされる。[2] スペルト小麦は現在の製パンに使われる小麦の原種だが脱穀しにくい種だったとされ、殻粉が残る粗い食感だったと思われる。

生地が発酵生地か無発酵生地かは不明だが、オベリアスは通常のパンよりも味覚的に劣っていたことは、第1章第1節の項「オベリアスの実態」で取り上げた『食卓の賢人たち』のなかの「串焼きパンをもぐもぐ食う。ふつうのパンの方がいいなどとは言わぬこと」という一文が示すとおりである。この味覚の劣等は、第1章第2節の項「パン職人の仕事と焼き菓子の起源」で考察したように、直火焼きがパン生地の焼成には不向きであることからもきている。直火であぶり焼きにすると表面は焦げやすく、生地自体には火が通りにくい。じっくり焼くと、木のように硬く焼き上がってしまう。

オベリアスは普通のパンよりもまずいが、値段は安かった。当時のギリシャの小額の貨幣である一オボロスで買えたことからオベリアスと呼ばれるようになったという記述もある。[3]『食卓の賢人たち』の一節は紀元前五世紀のペレクラテス作の劇『健忘症』からの引用とされる。このセリフからは、もぐもぐとオベリアスを食べているこの人物がふんわりとしたパンの味も知っていて、何らかの事情で懐具合がよくないときにオベリアスを食べていることがわかる。「ふつうのパンの方がいいなどとは言わぬこと」と自分に言い聞かせる言葉からは、今日はオベリアスに甘んじてはいるが明日はふんわりとしたパンを食べてみせるというバイタリティーが感じられるし、オベリアスが味覚的には劣るものであっても、安いパンという確固たる位置を有していたこともうかがえる。

ローマでは、三世紀ごろから製パン業から分かれて専門の菓子業が生まれた[4]。このころに菓子業者が作っていた菓子は、主に二枚の鉄板に生地を挟んで焼くワッフルのようなものだが、串に巻き付けたものもあった。この串の名はオベリスコスといい、そこからこの菓子はオバリアスと呼ばれた。これも、名前の由来は当時の貨幣一オボロスで売られていたからともいわれる[5]。パンのオベリアスはうまくない代物だったが、焼成道具である串、つまりオベリスコスは、菓子の源流の一つとされる菓子、オバリアスを生む。鉄板で焼成するオバリアスは卵入りの液体生地で薄く広がるためにパリッと焼き上がり、生地自体の味はどうあれ、パリパリあるいはサクサクとした香ばしい菓子だったことが推測できる。菓子の源流ともいえるオバリアスのこの生地は、第四期の年輪を生むシュタンゲンクーヘンの伏線になる。

何度もいうように直火焼きはパンの焼成には向かないのだが、『食卓の賢人たち』では「あぶり焼きパン」というものも出てくる。「あぶり焼きパン」は食事をあらかた終えておなかがいっぱいになったころに出てくるもので、ブドウ酒に浸したパンだという。「舌ざわりが丸くて柔らかく、葡萄酒にひたして口当たりを非常によくしてある」という「あぶり焼きパン」は、満腹状態の人にも「食べたくないのに食べた場合でも、これは見事だと思わずにはいられなくなる」[6]と言わせるほどだった。古代ギリシャのパンはパンの焼成法を表す言葉がそのままパンの名称になっていることから[7]、「あぶり焼きパン」は直火で焼くものではあっても、テラコッタ製の魚の焼き網のような網に載せて焼いたと思われる。「あぶり焼きパン」は、一度ふっくらと焼き上げたパンをもう一度焼き網に載せて直火であぶったトーストのようなものだろう。香ばしいトーストをブドウ酒に浸す手間は、日常食であるパンの域を超えて非日常の楽しみである菓子の領域に入っているといえる。

第二期の串焼き菓子は、見た目はいいが味は二の次

第二期は第1章第2節の項「一四五〇年のレシピ」に述べたように、中世の宴会料理の特徴である彩色が串焼き菓子にも施される。「一本の串で菓子を食べることについて」のレシピでは小麦粉をこねて紐状にした数本の

生地をそれぞれに彩色して切りそろえて串に巻き上げなさい、と指示している。生地の配合についての記述はないが、生地をドイツ語でタイク Teig と記していることから、保形性がある粘土状の生地、つまりパン生地か生パスタ生地状のものだったことがわかる。宴会用の料理として作られたものなので上質の小麦粉を使っていたと推測されることから、このような生地を串に巻き付けて直火で焼くと、オベリアスと同じように硬い食感になる。きめは細かく嚙めば嚙むほど小麦の澱粉が口のなかで甘くなる菓子だったのだろうが、たくさん食べられるものではないし、前出の「あぶり焼きパン」とは違っておいしいとは言い難い。

この「一本の串で菓子を食べることについて」という表題のレシピは、卵を塗って照りを出し、彩りがいい筒状の焼き菓子に仕上げるという、見かけを重視する中世の宴会料理のあり方を示している。中世の宴会料理は見た目が立派なものがごちそうであり、それには必ずしもおいしさは求められないのである。

第三期のシュピースクーヘンはサクサクふんわり

およそ百年後の十六世紀第三期になると、見かけ重視だったごちそうの路線は変わり、主眼は味覚の向上へと向かう。一五四七年のシュタインドル『美的で有益な料理書』と八一年のルンポルト『新料理書』のレシピに代表されるレシピも具体的になる。小麦粉は精製された白く上質のものをと指定してあり、生クリームや卵を使って干しブドウで甘味を加えて、何よりふんわりとした食感をもつ発酵生地になる。火の通し方については、強い火の上に置く、またゆっくりとひっくり返すというぐらいで細かな指示はないが、これだけ贅沢な生地を焼くのである、料理人の誇りをかけて細心の注意を払って焼き上げたはずである。

平たく延ばした生地を心棒に巻き付けるためのより糸は規則的に巻くと、焼成後は装飾の役目を果たす。焼き色の美しさにも言及している。シュピースクーヘンと命名されたこの菓子は、食卓に運ばれると歓声があがる菓子だったろう。焼かれた面は香ばしく、なかはふんわりとした甘いパンだったと思われる。ルンポルトは、食卓には冷めたものを供するようにと指示している。パンは焼きたてがおいしいのだが、正確にいうと、窯から出したてではなく、芯がまだほの温かいくらいに冷めたところが最もおいしい。このポイントを押さえているところも、おいしさを提供するという作り手の意識の高さをうかがわせる。

第四期に登場するシュタンゲンクーヘンの年輪の味は、焼き方次第

第三期で発酵生地を心棒に巻き付けて焼成するシュピースクーヘンは、味の完成をみたあとで途絶える。そして十七世紀末に登場するのが、卵と生クリームを多く使う液体生地をかけながら焼成する菓子である。液体生地であるために心棒にかけたらあらかたはしたたり落ち、絡みついた薄い生地さえもポタポタ落ちるのをものともせずに、心棒を回しながら焼くのである。そしてしたたり落ちた生地を集めてまたかける。こうしてシュタンゲンクーヘンは焼き層、つまり年輪をもつ菓子になる。

シェルハンマーのレシピは贅沢な材料を使ううえに、設備がそろった台所で火の前につききりの作業を二人以上でおこなうという手間がかかる菓子だった。レシピに分量の指示があるのは生クリームと卵の分量だけだが、このことから二つが主な材料だったことがわかる。白い小麦粉とバターを混ぜ合わせ、メースと少量の塩で味つけするこの生地は、甘みがないクレープに近い味だっただろうと推量できる。この生地は焼き方で味に雲泥の差が出てしまう。強火で長くあぶると焦げやすいためにバリバリとした食感になる。また生地が生焼けだと糊状になり、これが重なって層になるとおいしくはない。シェルハンマーが上層市民の主婦に作り続けてほしいと願った北ドイツの郷土菓子は、贅沢であるうえに難易度が高い焼き菓子だった。だからこそ、シェルハンマーは食についてはは万事フランス風をよしとする当時の風潮にあって、この菓子を郷土の誇りとして取り上げたのだが、現実にはほどよく焼けた香ばしい生地が重なったおいしいシュタンゲンクーヘンの味を知る人は少なかったのではないか。その名は知られてはいるが、実際に作ってみた人、あるいはその味を賞味した人は少ない菓子だったと思われる。

第五期のバウムクーヘンは料理人に特注する菓子になるが、味にはばらつきが

贅沢で難易度が高いこのシュタンゲンクーヘンは、次第に職業料理人に注文して焼いてもらう菓子になる。この時期の代表的なレシピを残したのは都市料理人ローフトだった。彼のレシピは、小麦粉と砂糖とバターを二対一対一の割合で作った生地に卵と砂糖入りの生クリームを混ぜるのだが、卵の量は四ないし六個ずつ最高で十八個までと表示してあって、裁量幅があまりにも広い。これはまだレシピが定まりきっていなかったことを表している。このレシピから推量できる味は、ホットケーキを重ね焼きしたものに近いと思われる。ただしホットケーキといっても、ふんわりしてはいない。混ぜ合わせただけの生地なので、食感は具が入っていないお好み焼きに近い。生地はシナモン、ナツメグ、メースなどスパイス、そしてすりおろしたレモンの皮で風味づけしていることから、もっちりとした食感の風味豊かな菓子だったと推測できる。ローフトのレシピには卵白を泡立てて加える改良版もあり、どちらのレシピで焼くかによって味に差が出る。泡立てた卵白を用いるレシピで焼くと、食感にふんわり感が加わる。

第六期のバウムクーヘンには家庭の味と料理人の味が混在

十八世紀末までは特別なときに料理人に発注して作ってもらう菓子だったバウムクーヘンは、十九世紀に入るとコットブスとザルツヴェーデルで販売される菓子になる。コットブスでは路上での販売、つまり店舗を構えての販売ではないが、バウムクーヘンを購入する人々が一定数いたことがわかる。レシピは残っていないが、製作者はマリア・グロッホという女性であり、シェルハンマーの『ブランデンブルク料理書』の系列をくむ家庭で焼いてきた系譜のレシピだろうと思われる。つまり、卵は泡立てずに混ぜるので、甘く風味豊かな生地ではあっただろうが、ずっしりと重い、いわゆる食べ応えがある菓子だったと推量する。

ザルツヴェーデルのほうの制作者も女性だが、ルイーゼ・レンツはシュヴェート辺境伯の料理長だった祖父の

ーフトがもう一つのレシピで示しているように、卵白を泡立てて使用していたかもしれない。であるならば、グロッホのものよりも口当たりがいい食感と推量できる。いずれも、当時のバウムクーヘンは贅沢で珍しい菓子であり、味を吟味するというよりも、食べたこと自体に満足する菓子だったと思われる。

スパイスがきいた味、バウムクーヘンの完成前期

コットブスとザルツヴェーデルの地方菓子だったバウムクーヘンは、十九世紀後半にドイツの製菓業の確立とともに全ドイツ的な菓子になる。そしてバウムクーヘンの製造は、この時期に料理人から菓子職人の手へと移行していく。

生地は前期のローフトの生地が改良されたもので、卵白は泡立てて加えるが、生地をエマルジョン化する意識はまだない。しかし、バウムクーヘンはクリスマスや祝い事のための特別な菓子という認識は広がっていて、『料理技能の百科事典』のレシピ、すなわち砂糖とバターと小麦粉と生クリームと卵が約〇・九対一対一対一対二の割合で作った生地にシナモン、カルダモン、レモンの皮さらに塩で風味をつけたレシピからは、この菓子が深い味わいをもつことが想像できる。また、製造が菓子職人の手に移行してきたこの時期は、ドイツの製菓業界の意識も高まりつつあり、焼成技術も安定してきている。同時に菓子店間の競合も始まっていて、味に定評がある店のバウムクーヘンは垂涎の的だったと思われる。

一九〇〇年前後にバウムクーヘンは現在の味になる

二十世紀に入ると、製菓技術の発達によってバターと砂糖と卵のエマルジョン化が重要視されるようになり、加えて卵白の泡、つまりメレンゲを壊す生クリームが排除されることによってバウムクーヘンの生地が完成し、現在のバウムクーヘンと変わらない味が作られるようになった。一九二〇代以降ドイツ菓子は全盛期を迎える。

この時期には卓上の小型のバウムクーヘン焼成器具も開発されて、デコレーションケーキであるトルテの土台の生地として使われるほどに全ドイツで作られる菓子になる。

小型のバウムクーヘン焼成器具は定着することはなく、大型のバウムクーヘンだけが作られ続けられるのだが、その定義を製菓業界が明文化するほどにドイツ菓子を代表する菓子になる。「バウムクーヘンの系譜」に書いてある一九四三年の定義では最高級の材料を使うことを謳っていて、バターをマーガリンで代用したりするなどの粗悪品が出回っていたことがわかる。

軽さと軟らかさ重視の日本製バウムクーヘン

一九一九年にドイツ菓子職人が日本に紹介したバウムクーヘンは、広く日本人に親しまれた結果、日本人の味の好みと洋菓子技術の発達、さらには高度な技術を代行する製菓機器の開発によって新たな味わいをもつ菓子として生まれ変わる。この日本製バウムクーヘンは、ドイツのバウムクーヘンとは違う独自の材料と配合と製法で作られている。ドイツのバウムクーヘンが重量感があるバター生地であるのに対し、日本製は軟らかく、軽い口当たりが特徴で、なかには焼きたての風味を重視した、賞味期限が短く、しかも冷蔵保存を求める生菓子扱いのバウムクーヘンまで誕生している。

以上のようにバウムクーヘンの味の変遷をみていくと、この菓子は味覚の向上を求めて一直線に歩んできたものではなく、むしろパン、料理、菓子の分野をさまよいながら生き残ってきたものだということがわかる。

急場のパンとして生まれたものなのに、味よりも見かけ重視の宴会菓子に受け継がれ、ふんわりとした発酵生地としておいしくなったところで、この生地は廃れてしまう。広げたパン生地を巻き付けて焼く菓子は、味の洗練を迎えたところで消えてしまうのである。ところが、串または心棒に生地を付けてあぶり焼きをする焼成法は、贅沢なパン生地を卵生地に替え、心棒にかけながら焼き重ねていくという新たな分野の菓子を作り出す。卵生地は卵と生クリームに少量の小麦粉を加えた液体生地で、前述したように菓子の源流ともいえる生地である。この生地は液体状なので、二枚合わせの鉄板に挟んで焼くか、平たい鉄板で薄焼きにするのに適した生地である。心棒で焼くとなると、心棒を回しながら流れ落ちた生地を集めて再び焼くという手間がかかる。というよりは、失敗を前提とした離れ業ともいえるこの焼成法は、贅沢な材料を使った生地を台無しにするという手痛い失敗を伴う。なぜ、あえてこんな危険な焼成法で菓子を焼くのだろうか。どう考えても、この焼成法はおいしい菓子を作りたいという発想から生まれたものとはいいにくい。

2　再び、串に生地を巻き付けて焼く方法

焼成法こそがこの菓子の真価

銘菓というものは、贅沢な材料を使って伝統的な製法を守りながら作り続けてきた菓子と思われがちである。しかしながらバウムクーヘンの来歴をみるかぎり、そうではなかった。始まりは急場の間に合わせで作ったパンであり、それがなぜか宴会を彩る料理になっても味は二の次で、味がいいパンとして完成すると廃れてしまう。であるのに心棒に生地を付けてあぶり焼く焼成法は、よりにもよって流れ落ちる液体生地を選んで生き残っていくのである。

なぜこの製法が生き残ったかと考えるとき、その答えはドイツの小説家であるテオドール・フォンターネの『私の子供時代』(8)という小説のなかにあるように思う。フォンターネが自身の子供時代をつづったこの小説で、十九世紀半ばのバウムクーヘンのありようを生き生きと描いている。フォンターネは七歳までブランデンブルクのノイルピンで育った。祖父はプロイセンのルイーズ王女の官房秘書を務めた人物であり、父親は大きな薬局を経営する裕福な家だった。のちに父親の放蕩で経営が行き詰まり、暮らし向きが変わるのだが、『私の子供時

代』のなかには裕福な時代のバウムクーヘンにまつわる思い出が描かれている。

フォンターネ家では華やかな祝宴の際には必ずバウムクーヘンを焼いた。バウムクーヘンを焼くためには「有名な女性料理人」を雇い入れる。女性料理人は祝宴の前日にフォンターネ家を訪れて準備を始める。火をおこして心棒の準備をし、液体状の生地をかけながら、すばらしい褐色の凹凸があるバウムクーヘンを焼き上げていくのである。この仕事の一部始終を見るのがフォンターネ家の子供たちの楽しみだった。こうして焼き上がったバウムクーヘンは「すべての（フォンターネ家の）人に星占いを提供していた」と記述される。つまり、見事に焼き上がったバウムクーヘンは祝賀会の吉兆を示すのである。

バウムクーヘンが美しく焼き上がったときには祝賀会は活気づき、うまく焼き上がらない場合は祝賀会の晴れがましさがしぼんでしまう。つまり、バウムクーヘンの真価は焼成工程にある。祝賀会の準備に漂うぃそいそとした緊張感のなかで腕を振るうために乗り込む女性料理人、火をおこし、生地を用意し、火の具合を見ながら生地を注ぐ。かけた生地は香ばしい香りを漂わせ、みるみる焼き上がっていく。これら一つ一つの工程が祝賀の雰囲気を盛り上げていくのである。ときには料理人の奮闘むなしく火が思うようにおこらず、生地のできが悪く、生地を注ぎかけるタイミングを逸したために完成直前に心棒から菓子が落下してしまうこともあったはずだ。これらの失敗と隣り合わせの緊張感が、興奮を高め楽しさを倍増させる。いうまでもなく、作り手にとっては手ごわい作業ではあっても、料理人あるいは菓子職人としての誇りをかけて臨む仕事である。

温度調節を機械が自動的におこなうということ

焼成過程そのものがこの菓子の価値である。それなのに、火と対峙するというあぶり焼きの醍醐味は徐々に薄れつつある。熱源は二十世紀初頭には薪からガスに変わっていく。しかしドイツでは、卓上で小さく焼く、つまり火と対峙することがない小型のバウムクーヘン焼成器具は定着することはなかった。ドイツではいまも、バウムクーヘンを焼く菓子店は褐色に焼けたものを店頭に飾る。美しく焼き上がったバウムクーヘンは菓子職人の誇りである。そして自前でバウムクーヘンを焼くことは菓子職人の腕前を表すだけでなく、通常の設備とは別のバウムクーヘン専用オーブンを設置できるという、その店の資本力をも示す。

ところが、日本製バウムクーヘンは、熱源が電気であるだけではなく、火と対峙する醍醐味である火力調節もコンピューター搭載オーブンに任せておけばやってくれる。生地を心棒に付ける工程さえも、心棒が自動的に生地をためてある場所に移動するようになっている。もはや日本製バウムクーヘンはバウムクーヘンの真価を損なわせてしまったのではないか。そこで第3章で述べたように、バウムクーヘンは新しい段階に入ったと結論づけたのである。こう考えると、いまやコンビニ店でもバウムクーヘンを買うことができる二〇二〇年代の日本の状況は、バウムクーヘンの黄昏であるとも思えてくる。

一抹の寂しさを抱えながらもう一度バウムクーヘンのレシピを読み返すと、第四期のこの焼き菓子の変化に目が留まる。料理人が作り上げたおいしいパン菓子は廃れ、液体生地を心棒にかけながら、何度も焼き重ねるという困難な焼成法の菓子が生まれる。この焼成法は、おいしい菓子を作ることを目指したものではない。「生地がしたたり落ちる」というある意味で失敗を前提とした焼成法は、それ自体が遊びである。生地をかけたら心棒を回す、回す速度で生地は形を変えていく、焼き上がりを見ながら、したたり落ちた生地を集めてまたかける。この遊びが始まった場所は、第1章第2節の項「パン職人の仕事と焼き菓子の起源」で述べたように、居間の暖炉のそばだろうと思われる。冬の長い夜に暖炉のそばで、家族や近しい人々とおしゃべりに興じながら焼き上げる。焼き上がりはおいしいにこしたことはないが、楽しい時間の結実であるこの焼き菓子は、いまここだけの味である。これは、生きるために食べるパンとは別次元のものといえる。厳しく、あるいは単調な暮らしのなかに息づく遊び、明日を生きる元気を生み出す遊びから生まれる菓子である。おいしさを追求したシュピースクーヘンが完成したあとに生まれたのは、この失敗の積み重ねのうえにできあがる、効率が悪い、しかし楽しい焼成法で焼く菓子だった。そして液体生地の重ね焼きで生まれた焼き層は、いまやバウムクーヘンの代名詞になっているのである。

製造が容易になり、いつでもどこででも手軽に食べられるという現代日本のバウムクーヘンは、これまで経験したことがないあり方であり、これは第三期の味の完成や一九八〇年代の大衆化の例を出すまでもなく、衰退の道を歩んでいるかのようにみえる。二千年以上続いた心棒に生地を付けて直火で焼くこの菓子は、いよいよ終焉に向かうのだろうか。希望を込めて第四期を参考に次なる展開を考えると、次代のバウムクーヘンは原点に戻って手間がかかる製法で作られる菓子になるはずである。十七世紀のような家族が集う暖炉はもはやなく、家族が集うひとときをもつことさえも難しいうえに菓子作りは簡単で効率がいいことが求められ、菓子自体もすでに非日常ものではなくなっている現代、この原点回帰路線はかなり分が悪い。だが、バウムクーヘンの歴代のレシピを検証し変遷をたどることで浮かび上がってきたのは、この菓子が作り難かったために生き延びて作り続けられてきたという事実である。

注

（1）高橋亮／西成勝好「おいしさのぶんせき」、日本分析化学会編「ぶんせき」二〇一〇年八月号、日本分析化学会

（2）前掲『パンの文化史』四六—四七ページ

（3）前掲『食卓の賢人たち』五三ページ

（4）前掲『お菓子の歴史』一二五ページ、前掲『世界の食べもの テーマ篇15 菓子の文化』14 126—14 127ページ、など。

（5）前掲『お菓子の歴史』一二五ページ

（6）前掲『食卓の賢人たち』四九—五一ページ

（7）前掲『パンの文化史』一一五ページ

（8）Theodor Fontane, *Meine Kinderjahre*, Nymphen burger Verlag, 1998, S. 67 ff.

参考文献

ドイツ語・菓子書，原書の出版年の順

Balthasar Staindl, *Ain künstlichs und nutzlichs kochbuch*, Augsburg, 1547, Digitale Bibliothek-Münchener Digitalisierungszentrum.

Marx Rumpolt, *Ein new kochbuch*, Edition Leipzig, 2., Auflage, [1581]1977.

Conrad Hagger *Neues Saltzburgisches Koch=Buch Eine Rezeptauswahl aus der barocken Küche für alle Freunde der Essenskunst zusammengestellt vom Küchenmeister der Salzburger Erzbischöfe*, Wilhelm Henyne Verlag München. [1719]1979.

Maria Sophia Schellhammer(oder Schellhammerin), *Das Brandenburgische Koch=Buch / Oder: Die wohl unterwiesene köchinn*, Hinstorff Verlag, [1723]1984.

Marcus Looft, *Nieder=Sächsisches Koch=Buch*, Fotomechanischer Nachdruck der in Altona und Lübeck, erschienenen Ausgabe von 1758.

Marcus Looft, *Niedersächsisches Kochbuch*, Photomechanischer Nachdruck der in Göttingen, erschienenen Ausgabe von 1786.

Carl Krackhalt, *Neues illustriertes Conditoreibuch*, Regia Verlag, 1878.

Mathilde Ehrhardt, Buchgesehen von Mathis. A., *Illustriertes Kochbuch für den einfachen bürgerlichen und den feineren Tisch*, Verlagsdruckerei Merkur, 16, 1904.

J. M. Erich Weber, *250 Konditorei - Spezialitäten und wie sie entstehen*, Internationaler Konditorei-Fachverlag, 1934.

Dr. Oetker, *Apfelkuchen: Torten, Kuchen, Kleingebäck*, Ceres Verlag, 1998.

ドイツ語・著書，出版年の順

Irene Krauß, *Chronik bildschöner Backwerke*, Hugo Matthaes Druckerei und Verlag GmbH & Co. KG, 1999.

Josef Loderbauer, *Das Konditorbuch: in Lernfeldern*, Dr. Felix Büchner / Handwerk und Technik, 2009.

ドイツ語・辞典，出版年の順

Universal=Lexikon der Kochkunst, 1. Band A-K, Leipzig Verlagsbuchhandlung von I.I, Weber REPRINT-VERLAG-LEIPZIG, 1890.

ドイツ語・論文，出版年の順

Fritz Hahn, "Die Familie der Baumkuchen," in *Der Konditorimeister*, 18. 1964, Nummer 26.

ドイツ語・省刊行物、出版年の順

"Leitsätze für Feine Backwaren," vom17./18. September 1991(Beilage Nr. 86 b zum BAnz. Vom 8. Mai 1992, GMBl. Nr. 17 S. 325 vom 8. Mai 1992), zuletzt geändert am 08. 01. 2010 (BAnz. Nr. 16 vom 29. 01. 2010, GMBl Nr. 5/6, S. 120ff. vom 04. 02. 2010).

ドイツ語・新聞、出版年の順

Jörg Königsdorf, "Sahnestreif am Horizont," *Der Tagesspiegel*, vom 22, März 2008, Online-Ausgabe. (https://www.tagesspiegel.de/gesellschaft/geschichte/zuckerbaecker-sahnestreif-am-horizont/193622.html) [二〇二〇年二月二十四日アクセス]

英語・著書、出版年の順

Michael Krondl, *Sweet Invention: A History of Dessert*, Chicago Review Press, 2011.

Anne Willan, *THE COOKBOOK LIBRARY: Four Centuries of the Cooks, Writers, and Recipes That Made the Modern Cookbook*, University of California Press, 2012.

日本語・著書、著者名五十音順

アテナイオス『食卓の賢人たち』柳沼重剛編訳（岩波文庫）、岩波書店、一九九二年

池上俊一『お菓子でたどるフランス史』（岩波ジュニア新書）、岩波書店、二〇一三年

伊東俊太郎『十二世紀ルネサンス』（講談社学術文庫）、講談社、二〇〇六年

岩村等／三成賢次／三成美保『法制史入門』ナカニシヤ出版、一九九六年

ウィートン、バーバラ『味覚の歴史――フランスの食文化―中世から革命まで』辻美樹訳、大修館書店、一九九一年

ウィルソン、ビー『キッチンの歴史――料理道具が変えた人類の食文化』真田由美子訳、河出書房新社、二〇一四年

海野弘『モダン・デザイン全史』美術出版社、二〇〇二年

穎田島一二郎『カール・ユーハイム物語――菓子は神さま』新泉社、一九七三年

越後和義『パンの研究――文化史から製法まで』柴田書店、一九七六年

大津留厚『捕虜が働くとき――第一次世界大戦・総力戦の狭間で』（レクチャー第一次世界大戦を考える）、人文書院、二〇一三年

岡田哲『とんかつの誕生――明治洋食事始め』（講談社選書メチエ）、講談社、二〇〇〇年

押尾愛子『お菓子の国から』青玄社、一九八六年

河田勝彦『フランス伝統菓子――豊かな風土が育んだ素朴な味、郷土の味 語り継がれてきた菓子づくりの醍醐味』（暮しの設計）、中央公論社、一九九三年

河田勝彦『古くて新しいフランス菓子』日本放送出版協会、二〇一〇年
河田昌子『お菓子「こつ」の科学――お菓子作りの疑問に答える』柴田書店、一九八七年
川端晶子『いま蘇るブリア＝サヴァランの美味学』東信堂、二〇〇九年
クィンジオ、ジェリ『図説 デザートの歴史』富原まさ江訳、原書房、二〇二〇年
熊崎賢三『菓子たちの道しるべ』合同酒精製菓研究室、一九九二年
ケリー、イアン『宮廷料理人アントナン・カレーム』村上彩訳、ランダムハウス講談社、二〇〇五年
コウ、ソフィー・D／コウ、マイケル・D『チョコレートの歴史』樋口幸子訳、河出書房新社、一九九九年
柴田書店編、安藤明技術監修『ドイツ菓子大全』柴田書店、二〇一二年
シヴェルブシュ、ヴォルフガング『楽園・味覚・理性――嗜好品の歴史』福本義憲訳、法政大学出版局、一九八八年
新星出版社編集部編『和菓子と日本茶の教科書』新星出版社、二〇〇八年
神野由紀『百貨店で〈趣味〉を買う――大衆消費文化の近代』吉川弘文館、二〇一五年
竹林やゑ子『洋菓子材料の調理科学』柴田書店、一九八〇年
棚橋節子／内田厚子／神谷すみ子／横山美智子『あたらしい家庭の冠婚葬祭――これからのおつき合いとマナー』新日本法規出版、一九九九年
千葉好男『お菓子とフランス料理の革命児――ぼくが伝えたいアントナン・カーレムの心』鳳書院、二〇一三年
トゥーサン＝サマ、マグロンヌ『お菓子の歴史』吉田春美訳、河出書房新社、二〇〇五年
長尾健二『歴史をつくった洋菓子たち――キリスト教、シェイクスピアからナポレオンまで』築地書館、二〇一七年
西川如見、飯島忠夫／西川忠幸校訂『町人嚢・百姓嚢 長崎夜話草』（岩波文庫）、岩波書店、一九四二年
バーク、ピーター『ヨーロッパの民衆文化』中村賢二郎／谷泰訳、人文書院、一九八八年
畑中三応子『ファッションフード、あります。――はやりの食べ物クロニクル1970-2010』紀伊國屋書店、二〇一三年
原田信男『和食と日本文化――日本料理の社会史』小学館、二〇〇五年
ハンブル、ニコラ『ケーキの歴史物語』堤理華訳（お菓子の図書館）、原書房、二〇一二年
フェーヴル、リュシアン／マルタン、アンリ＝ジャン『書物の出現』上、関根素子／長谷川輝夫／宮下志朗／月村辰雄訳（ちくま学芸文庫）、筑摩書房、一九九八年
藤原辰史『ナチスのキッチン――「食べること」の環境史』水声社、二〇一二年
舟田詠子『パンの文化史』（講談社学術文庫）、講談社、二〇一三年
フランドラン、J-L／モンタナーリ、M編『食の歴史』全三巻、宮原信／北代美和子監訳、菊地祥子／末吉雄二／鶴田知佳子訳、藤原書店、二〇〇六年
ブリア＝サヴァラン『美味礼讃』上、関根秀雄／戸部松実訳（岩波文庫）、岩波書店、一九六七年

ブリア＝サヴァラン、ジャン・アンテルム、玉村豊男編訳・解説『美味礼讃』新潮社、二〇一七年
プレティヒャ、ハインリヒ『中世への旅 都市と庶民』関楠生訳、白水社、一九八二年
フリードマン、ポール編『〈世界〉食事の歴史――先史から現代まで』南直人／山辺規子監訳、東洋書林、二〇〇九年
ベーン、マックス・フォン『ドイツ十八世紀の文化と社会』飯田信雄ほか訳、三修社、一九八四年
ホフマン、E・T・A『くるみ割り人形とねずみの王さま／ブランビラ王女』大島かおり訳（光文社古典新訳文庫）、光文社、二〇一五年
前川道介『愉しいビーダーマイヤー――19世紀ドイツ文化史研究』（クラテール叢書）、国書刊行会、一九九三年
マン、トーマス『魔の山』下、高橋義孝訳（新潮文庫）、新潮社、一九六九年
ミンツ、シドニー・W『甘さと権力――砂糖が語る近代史』川北稔／和田光弘訳、平凡社、一九八八年
南直人『ヨーロッパの舌はどう変わったか――十九世紀食卓革命』（講談社選書メチエ）、講談社、一九九八年
南直人『ドイツ』（「世界の食文化」第十八巻）、農山漁村文化協会、二〇〇三年
メネル、スティーブン『食卓の歴史』北代美和子訳、中央公論社、一九八九年
弓田亨『Pâtisserie française その imagination――I．日本とフランスにおける素材と技術の違い』イル・プルー・シュル・ラ・セーヌ企画、一九八五年
弓田亨／椎名眞知子『一人で学べるイル・プルーのパウンドケーキ おいしさ変幻自在』（嘘と迷信のないフランス菓子教室）、イル・プルー・シュル・ラ・セーヌ企画、二〇〇七年
吉田菊次郎『洋菓子の世界史』製菓実験社、一九八六年
吉田菊次郎『西洋菓子彷徨始末――洋菓子の日本史』朝文社、一九九四年
吉田菊次郎『洋菓子百科事典』白水社、二〇一六年
ヨーハン、E／ユンカー、J『ドイツ文化史――1860-1960』三輪晴啓／今村晋一郎訳、サイマル出版会、一九七五年
ラブレー、フランソワ『ラブレー第一之書 ガルガンチュワ物語』渡辺一夫訳（岩波文庫）、岩波書店、一九七三年
リコッティ、エウジェニア・S・P『古代ローマの饗宴』武谷なおみ訳（講談社学術文庫）、二〇一一年
ルヴェル、ジャン＝フランソワ『美食の文化史――ヨーロッパにおける味覚の変遷』福永淑子／鈴木晶訳、筑摩書房、一九八九年
若尾祐司／井上茂子編著『近代ドイツの歴史――18世紀から現代まで』ミネルヴァ書房、二〇〇五年
若尾祐司／井上茂子編『ドイツ文化史入門――16世紀から現代まで』昭和堂、二〇一一年
渡辺怜子『レオナルド・ダ・ヴィンチの食卓』岩波書店、二〇〇九年

日本語・社史、五十音順

池田文痴菴、日本洋菓子史編纂委員会監修『日本洋菓子史』日本洋菓子協会、一九六〇年

ユーハイム編『デモ私立ッテマス――ユーハイム物語』ユーハイム、一九六六年

日本語・論文、五十音順

江本硯／藤川昌樹「中国青島市における並木道空間の形成（1891-1945）」「日本建築学会計画系論文集」第七十八巻第六百九十三号、日本建築学会、二〇一三年

桑本咲子「ディスカバー・ジャパンをめぐって――交錯する意思から生まれる多面性」、大阪大学大学院文学研究科日本学研究室『日本学報』編集委員会編「日本学報」第三十二号、大阪大学大学院文学研究科日本学研究室、二〇一三年

治部千波「中世ヨーロッパの料理の色――「サラセン・コネクション」による食の発展」、日本家政学会食文化研究部会編「食文化研究」第十四号、日本家政学会食文化研究部会、二〇一八年

日本語・辞典、五十音順

國原吉之助『古典ラテン語辞典』大学書林、二〇〇五年

『世界の食べもの テーマ篇15 菓子の文化』「週刊朝日百科」第百三十五号、朝日新聞社、一九八三年

日本語・新聞記事、五十音順

岡田敏一「【一聞百見】アカンかった人のバームクーヘン立志物語」「産経WEST」二〇一九年七月二十六日付（https://www.sankei.com/article/20190726-GKO6MEU6DFPPIDRNUZOEAPFF4/3/）［二〇二〇年四月十四日アクセス］

金井和之「バウムクーヘンをたどって1―5」「朝日新聞」二〇一四年一月二十七日―一月三十一日付

日本語・雑誌、五十音順

「café sweets（カフェスイーツ）」（柴田書店MOOK）第四十七号、柴田書店、二〇〇五年

「特集 2019ジャパン・ケーキショー東京」「GÂTEAUX」二〇一九年十二月号、日本洋菓子協会連合会

「料理通信」二〇〇六年九月号、料理通信社

あとがき

フランスのタイヤ会社のミシュランが、自動車の普及のために作ったガイドブック『ミシュランガイド』の初代責任者であるキュルノンスキーは一九三〇年代に、フランス料理を①古典料理、②家庭料理、③地方料理、④即席料理と分類している。(1) ①はレストランが提供する高級料理、②は主に裕福な市民層の家庭の料理、③は郷土の固有の料理、④は即興料理(2)である。

キュルノンスキーの分類に当てはめると、菓子は次のようになるだろう。⑴菓子職人によって作られてきた菓子、⑵家庭で作ってきた菓子、⑶地方に伝わる郷土菓子、⑷日々の食事の用意の片手間に作る菓子である。料理と異なる点は、これにキリスト教などの祭事で作られてきた宗教行事に関わる菓子という分類が加わることである。バウムクーヘンは、この分類でいくと、⑷で生まれて⑴になり、⑵と⑶を経て⑴に戻るというように、各分野を横断しながら形作られてきた菓子だった。キュルノンスキーは前述の分類するなかで、高級料理がフランス料理を代表するものではなく、むしろその土地ならではの作物に根ざした郷土料理にこそフランス料理の豊かさがあることを看破した。であるならば、パンや料理、そして菓子という食べ物としての分類を越境し、出自による菓子の分類さえも縦横に行き来するバウムクーヘンは並外れた生命力をもつ豊かな菓子ではないだろうか。

序章「心棒に生地を付けて直火焼きする方法」の末尾で触れたように、心棒に生地を付けて直火で焼く菓子はドイツ以外のヨーロッパの国でも作られている。しかしこれらは、祝日のために菓子職人などが余技として焼く菓子であって、常時菓子店に並ぶものではない。焼成に手間がかかるバウムクーヘンを職人の腕前を測る技術として磨きあげたのはドイツの菓子職人たちで、そこに生地にこだわるドイツ菓子の精神がある。継承した日本では、鍛錬を積むことで習得されていた技術をテクノロジーが代行するという大転換が起こったというのが、第3章「日本での転成」の内容である。だが、考え方を変えてみれば、菓子は小麦粉や砂糖やバターや卵といった農作物を技術で加工して作り出すものである。であるならば、加工を施す技術が人の手によるものか、機械によるものかは、加工品である菓子にとって、転換点というほどのものではないのかもしれない。むしろ転換点にあるのは、どんな菓子、どのように作られている菓子をどんなふうに食べたいかという私たちの願いがどこに向かっていくのかということではないだろうか。

本書は、九州大学大学院比較社会文化学府に提出した博士論文「バウムクーヘンの比較文化史的考察――15世紀のドイツから現代までのレシピの解読を中心に」を加筆・修正したものである。終章「再び、串に生地を巻き付けて直火で焼く方法」は全面的に書き直し、「はじめに」と「あとがき」を書き加えた。

博士論文を書き上げるにあたっては次の先生方にお世話になった。最初に謝意を述べたいのは、修士課程に入学して以来、指導教官として足かけ十年お世話になった嶋田洋一郎先生である。食べてきた菓子の数の多さとわけがわからない熱意だけの私を見守り、論文執筆に伴走してくださった嶋田先生の導きなしでは、博士論文は完成していなかった。また副査を務めてくださった阿尾安泰先生からは、ときどき優しい口調ながらドキッとするご指摘をいただいた。同じく副査を務めてくださった福元圭太先生のゼミでは、マックス・ウェーバーの『職業としての学問』をはじめ、フリードリヒ・ニーチェ、ヴァルター・ベンヤミン、トーマス・マンを精読し、ドイツ的なものに触れることができた。そして、学外の二人の先生に審査の労をとっていただいた。立命館大学の南直人先生と京都大学の藤原辰史先生である。近代ドイツの食がご専門の南先生からは特に第2章「バウムクーヘンの完成」に関する有益な史料をご教示いただき、またさまざまなご指摘をいただいた。藤原先生からは古いレシピにあたるという論文の骨格につながるヒントとともに、調べた史料を前に主体的に考えるという基本姿勢の重要さを教えていただいた。

書き上げた論文にはそれぞれの先生から厳しい指摘が寄せられた。その全部が納得できるものばかりだった。ご指摘の内容は十分に理解できるのだが、書き上げるだけで精いっぱいだった私にはそれに応える力量がない……絶体絶命の気分で、よろよろと立ち上がって湯を沸かしてお茶をいれ、菓子をひときれつまむ。深呼吸してもう一度先生方のコメントを読むと、そこにはヒントが見え隠れしているし、何やら励ましのようなニュアンスもくみとれる。毎回こう都合よくいくわけではなかったが、先生方のコメントに応えて自分にあるものを総動員して仕上げた博士論文である。

嶋田先生、阿尾先生、福元先生、南先生、藤原先生には何度お礼を申し上げても足りない気がいたします。本当にありがとう存じました。また、ユーハイム、日本洋菓子協会連合会、不二商会をはじめ、写真と図版を快く提供してくださった合同酒精の編集室、鳳書院と千葉好男氏、長森昭雄氏、柴田書店に謝意を表します。

そして、菓子の論文を面白いと思ってくださった青弓社の矢野未知生氏にも心からのお礼を申し上げます。矢野氏の緻密な指摘にとても助けられました。

二〇二二年秋

三浦裕子

注

(1) ジュリア・セルゴ「地方料理の擡頭」、前掲『食の歴史』第三巻所収、一〇八〇—一〇八九ページ、辻静雄『フランス料理の学び方——特質と歴史』(中公文庫)、中央公論新社、二〇〇九年、一三—一五ページ。キュルノンスキーはペンネームでメーヌ・エ・ロワール、アレジェ生まれ。モーリス・エドモン・サイヤン。

(2) 農民料理と訳されることもあるが、フランス語では La Cuisine Impromptue。手近な材料でさっと作る料理と理解されている。

［著者略歴］
三浦裕子（みうら ゆうこ）
1953年、福岡県生まれ
1993年からお菓子教室Sweets & Table主宰
お菓子作りを教えるかたわら2011年に九州大学大学院比較社会文化学府修士課程に入学、13年に同学府博士課程後期に進学し、19年に同学府博士課程後期単位取得退学。博士（比較社会文化）
研究分野はお菓子の歴史、日本の洋菓子史
製菓の研修でウィーンを訪れた際、国立歌劇場の立ち見席で連日オペラとバレエを観て以来、舞台芸術に魅了されている。また表千家の茶の湯に長く親しむ。「劇場は癒しの場」で2001年に第11回日本ダンス評論賞入賞
著書に『うれしいお菓子、せつないお菓子――スウィーツ・セラピー』（東京書籍）、『スイート・スイート・クラシック――洋菓子でめぐる音楽史』（アルテスパブリッシング）など

バウムクーヘンの文化史《ぶんかし》　パン・料理・菓子、越境する銘菓

発行――2022年12月20日　第1刷
定価――2600円＋税
著者――三浦裕子
発行者――矢野未知生
発行所――株式会社青弓社
〒162-0801 東京都新宿区山吹町337
電話 03-3268-0381（代）
http://www.seikyusha.co.jp
印刷所――三松堂
製本所――三松堂

ISBN978-4-7872-2097-4　C0020

Nyao

ケーキツアー入門

おいしいケーキ食べ歩きのススメ

これまでに食べた3,000個のケーキへの愛を込めた、誰もが楽しめる新しい食べ歩きスタイルを提案。ケーキツアーマップやケーキの基礎知識、首都圏のオススメケーキ店なども収めた、主観的で批評性があるガイド。定価1600円＋税

弟子吉治郎

日本まんじゅう紀行

福島の薄皮まんじゅう、長野の酒まんじゅう、四日市のなが餅、草津の温泉まんじゅう、奈良のよもぎ餅に京都のあぶり餅、東京の黄金芋、北海道の羊羹などをおいしそうな写真を添えて店舗の情報とともに紹介する。定価1800円＋税

吉野りり花

ニッポン神様ごはん

全国の神饌と信仰を訪ねて

古くから伝わる神様の食事＝神饌は、各地でどのように息づいているのか。全国の神饌を訪ね歩き、ユニークなお祭りもあわせて取材して、担い手である地域の人々の生き生きとした声と伝統文化の現在の姿を描く。 定価2000円＋税

魚柄仁之助

刺し身とジンギスカン

捏造と熱望の日本食

「食の鑑識家」が、刺し身とジンギスカン、とろみ中華風料理の起源と移り変わりを戦前・戦後の女性雑誌や料理本に載っているレシピどおりに実作して検証し、流通している俗説を覆す物的証拠を提示する。 定価1800円＋税

魚柄仁之助

国民食の履歴書

カレー、マヨネーズ、ソース、餃子、肉じゃが

「カレー、餃子、肉じゃがの国民食トリオ」はどうやって生まれたのか。文明開化期からの家庭雑誌・料理雑誌を渉猟してレシピどおりに調理し、経験豊かな舌で吟味して、意外な経歴を明らかにする食文化論。 定価1800円＋税